Évaluer le climat social de votre entreprise

Éditions d'Organisation
Groupe Eyrolles
61, bd Saint-Germain
75240 Paris cedex 05

www.editions-organisation.com
www.editions-eyrolles.com

Du même auteur, chez le même éditeur :

Le guide des relations sociales dans l'entreprise, 2007
Le management du risque social, 2004

Le Code de la propriété intellectuelle du 1er juillet 1992 interdit en effet expressément la photocopie à usage collectif sans autorisation des ayants droit. Or, cette pratique s'est généralisée notamment dans l'enseignement provoquant une baisse brutale des achats de livres, au point que la possibilité même pour les auteurs de créer des œuvres nouvelles et de les faire éditer correctement est aujourd'hui menacée.

En application de la loi du 11 mars 1957, il est interdit de reproduire intégralement ou partiellement le présent ouvrage, sur quelque support que ce soit, sans autorisation de l'Éditeur ou du Centre Français d'Exploitation du Droit de copie, 20, rue des Grands-Augustins, 75006 Paris.

© Groupe Eyrolles, 2008
ISBN : 978-2-212-54177-9

Hubert Landier

Évaluer
le climat social
de votre entreprise

EYROLLES

Éditions d'Organisation

Sommaire

Introduction

Les salariés sont nombreux, et probablement de plus en plus, à se rendre sans plaisir à leur travail. S'ils y vont, c'est qu'ils ne peuvent pas faire autrement. Ils ne détestent pas leur métier, loin de là. Ce dont ils se plaignent, le plus souvent silencieusement, c'est de la façon dont l'entreprise se comporte avec eux.

Ils le disent volontiers lors des entretiens confidentiels réalisés à l'occasion des audits de climat social qui sont à l'origine de ce livre. Cela passe par de multiples petits détails : « On n'a jamais de réponses aux questions qu'on se pose », « On ne sait pas en fonction de quels critères on est augmenté ou pas », « Mon chef ne sait même pas en quoi consiste mon travail », « À la suite de l'accident mortel, il y a quatre ans, ils n'ont même pas mis le drapeau en berne »… La liste des doléances, souvent pathétiques, pourrait être allongée à l'infini. Quelquefois, les salariés finissent par craquer et on parle alors de harcèlement, de stress, la presse évoque des suicides… Il s'agit là de cas extrêmes, peut-être isolés, mais qui n'en représentent pas moins la partie visible d'une réalité sans doute moins dramatique mais beaucoup plus étendue.

Car la diminution du nombre de conflits ne doit pas faire illusion. Autrefois, quand on n'était pas content, on faisait grève. Aujourd'hui, on souffre silencieusement – jusqu'au jour où l'on craque. Il y a donc peut-être moins de grèves, mais c'est parce que le mécontentement et le mal-être au travail s'expriment autrement. L'absentéisme tend à progresser, pour des raisons réelles ou moins réelles ; on constate que certains salariés – souvent les meilleurs – donnent leur démission de façon inopinée ; l'efficacité au travail tend à diminuer, avec une multiplication des retards, des pannes ou des malfaçons ; face au client, on constate une attitude peu empressée, voire franchement désagréable, qui est évidemment désastreuse pour l'image que l'entreprise donne d'elle-même. Autrement dit, le mécontentement s'exprime désormais moins par l'action collective que par des réactions individuelles de désengagement.

Les conséquences de ce désengagement n'apparaissent pas directement dans les comptes mais elles n'en sont pas moins extrêmement coûteuses. Une journée de grève, c'est une journée de travail de perdue. Un salarié qui réduit son efficacité de 20 % équivaut à 40 journées perdues dans l'année et 20 % n'est qu'une faible estimation. En réalité, un ingénieur de recherche peut très bien réduire son efficience au travail de 50 % sans que personne ne s'en aperçoive. Il trouvera toujours ensuite de bonnes raisons pour justifier le retard accumulé dans son programme. Le résultat est celui d'un jeu à somme négative : des salariés malheureux, une entreprise qui perd en performance.

Quelques économistes, pourtant, se sont essayés à un chiffrage. Dans son remarquable ouvrage[1], Thomas Philippon, de la Stern

---

1. *Le capitalisme d'héritiers : la crise française du travail* de Thomas Philippon, Le Seuil, coll. La République des idées, 2007.

School of Business (New York University) a établi une corrélation claire entre le taux de chômage et la qualité des relations sociales. La France figure ainsi parmi les pays où le taux de chômage est le plus élevé et les relations de travail les plus fortement détériorées. Il affirme qu'« il n'est pas déraisonnable d'imaginer un effet de l'ordre de plusieurs points de PIB »[1]. De même, dans un livre à paraître, Augustin Landier, qui enseigne la finance à l'Université de New York, et Vinay B. Nair, de la Wharton School, ont mis en évidence que les entreprises socialement responsables (vis-à-vis de l'environnement et de leurs salariés) sont également celles qui, sur le long terme, se révèlent les plus performantes : le rendement d'un portefeuille de sociétés socialement responsables, de 1999 à 2007, a ainsi été supérieur à celui de l'indice S&P 500[2]. De même, Alex Edmans, lui aussi de la Wharton School, a-t-il établi que les « best companies to work in America » avaient eu, sur la période 1998-2005, un rendement de 14 %, soit le double du marché[3]. En bref, s'il faut s'occuper des gens, du point de vue des investisseurs, c'est parce que ça rapporte.

En France, nombre de dirigeants semblent ne pas l'avoir compris. Ils restent prisonniers d'une vision étroitement financière de l'entreprise. Pour eux, il s'agit avant tout de réduire les coûts, et ceci par tous les moyens. Dans de nombreuses entreprises, il convient ainsi de distinguer la politique sociale volontiers affichée, toujours vertueuse et ambitieuse, et la réalité du management au quotidien, dont les salariés décrivent de bon gré – sous couvert de la confidentialité de leurs propos – l'état de délabrement. Nombre de managers de proximité leur font écho : « le problème c'est que mes collaborateurs ne travaillent pas à plus de 50 % de leur

---

1. *Op. cit.*, page 90.
2. *Investing for change profit from socialy responsable investment, executive summary.*
3. *Does the Stock Market Fully Value Intangibles? Employee Satisfaction and Equity Prices* de Alex Edmans, janvier 2008. Document téléchargeable à l'adresse suivante : http://ssrn.com/abstract=985735.

potentiel », affirme l'un d'entre eux. Pourquoi ? Tel est l'objet du présent ouvrage.

Celui-ci se fonde sur une conviction nourrie par l'expérience de plusieurs dizaines d'audits de climat social représentant des centaines et des centaines d'entretiens réalisés dans des grandes comme dans des petites entreprises de secteurs très divers. Si les salariés sont malheureux, l'entreprise perd en efficacité. Si au contraire la qualité du management aboutit à ce que les salariés soient mieux dans leur peau, l'entreprise gagne en efficacité et en rentabilité. De là, la démarche proposée dans les pages qui suivent :

1. Le désengagement des salariés peut être extrêmement coûteux pour l'entreprise (chapitre 1). On s'en persuadera à travers quelques exemples issus des missions de conseil conduites par l'auteur. Ce désengagement s'explique par des raisons qui échappent le plus souvent à la vision qu'en ont les dirigeants de l'entreprise (chapitre 2).

2. On examinera ensuite quelques-unes de ces causes de mécontentement, de déception, d'exaspération et, finalement, de désengagement : image négative que l'encadrement donne de lui-même (chapitre 3), entretiens périodiques d'évaluation négligés (chapitre 4), augmentations individuelles attribuées d'une façon jugée arbitraire (chapitre 5), déficit de communication et d'information sur le devenir de l'entreprise (chapitre 6), existence de règles de *reporting* trop contraignantes ou insuffisamment justifiées (chapitre 7).

3. De ceci découle une tendance au désengagement et au repli critique qui touche plus particulièrement certaines catégories de salariés. On examinera le cas des seniors (chapitre 8) et celui de l'encadrement intermédiaire (chapitre 9). C'est ainsi, globalement, que l'on en arrive au développement du stress au travail

(chapitre 10) aujourd'hui dénoncé comme une cause majeure de pathologie.

4. L'existence de ces dysfonctionnements générateurs de désengagement et donc de moindre efficacité collective justifie amplement de la part de l'entreprise un effort en vue d'en identifier les causes. C'est ce que font certaines d'entre elles en mettant en œuvre des baromètres, des observatoires sociaux ou encore en procédant à des enquêtes par sondage. On en verra les limites (chapitre 11) par rapport à une véritable démarche en termes d'audit du climat social, telle que celle-ci peut trouver place dans la démarche qualité pratiquée par ailleurs par l'entreprise (chapitre 12). C'est toute la démarche de la DRH qui demande ainsi à être repensée, en tant que contribution à la création de valeur et non plus en termes de gestion des coûts sociaux (chapitre 13).

Les Français, qu'il s'agisse des syndicalistes, des salariés, des dirigeants d'entreprise eux-mêmes ou de nombreux intellectuels et leaders d'opinion, restent largement prisonniers d'une perspective issue du marxisme : ce que gagneraient les uns correspondrait nécessairement à ce qui serait perdu par les autres. Ainsi, ce que gagneraient les patrons en rentabilité de l'entreprise le serait « sur le dos des salariés ». Cette logique est aujourd'hui totalement fallacieuse, à supposer qu'elle ait pu être vraie au XIXe siècle. Elle conduit à une spirale « perdant-perdant ». Ce que ce livre voudrait au contraire suggérer, ce sont les moyens permettant de mettre fin à cette spirale mortifère et de créer les conditions d'une dynamique génératrice à la fois de satisfaction pour les salariés et de performance durable pour l'entreprise. Utopique ? Non, très concrètement possible.

Chapitre 1

Management humain : les coûts du laisser-aller

Les enquêtes de climat social laissent apparaître, dans certaines entreprises, ce que l'on pourrait appeler une situation de délabrement en matière de management humain. Ce délabrement se traduit par une sorte de laisser-aller général, des lourdeurs bureaucratiques, le poids des habitudes, la coexistence d'une foule de privilèges et de comportements méprisants, un effacement de l'encadrement et, bien évidemment, une perte d'efficacité générale.

Paradoxalement, ces effets du laisser-aller managérial peuvent s'observer dans des entreprises qui, selon toute apparence, se portent très bien d'un point de vue purement financier. Ils ne se soldent pas moins par un double déficit. D'une part, un déficit d'efficacité, bien entendu, celui-ci pouvant atteindre plusieurs dizaines de points de rentabilité par rapport aux résultats d'exploitation. D'autre part, un déficit humain, la dégradation des relations de travail aboutissant à un mal-être générateur d'insatisfactions, de frustrations et de stress. Parmi les salariés, chacun déclare aimer son métier, mais déplore en même temps les conditions dans lesquelles il est obligé de l'exercer. Ce mal-être s'exprime parfois par un développement des manifestations de stress.

Les manifestations du laisser-aller

Pour les raisons que l'on examinera au chapitre suivant, les manifestations de ce laisser-aller managérial n'apparaissent pas, le plus souvent, aux yeux des dirigeants, tout au moins pour ceux – et ils sont nombreux – qui se sont enfermés dans une vision abstraite (et financière) de l'entreprise. Ils en voient certains effets, mais ils n'en analysent pas les causes ou ils les attribuent à des facteurs qu'ils ne maîtrisent pas et qu'ils doivent néanmoins subir : poids de la réglementation qu'ils doivent respecter, comportements négatifs de la part du personnel. Les syndicats, et plus particulièrement la CGT, jouent souvent le rôle de bouc émissaire : s'il y a des problèmes, c'est parce que le délégué syndical est un fou furieux, porteur de désordre et d'opposition systématique à la direction, qu'il « ne comprend rien » et qu'il sème la révolte en permanence.

Ceci, bien entendu, n'est probablement pas totalement faux. Toutefois, les enquêtes de climat social laissent apparaître bien d'autres éléments. Interrogés sur leur vie de tous les jours, les membres du personnel évoquent en effet toutes sortes d'aberrations qui leur semblent aller de soi ou qu'ils n'ont pas l'occasion d'exprimer :

- dans telle usine, il est pratiquement impossible d'obtenir le changement d'un néon défectueux ; cela prendra des mois, qu'on s'adresse au chef d'équipe ou qu'on ait recours au délégué ;

- dans telle entreprise de presse, la personne en charge du montage des petites annonces a le plus grand mal à se procurer du scotch double face ; elle doit en faire une demande, libellée en anglais, qui sera ensuite traitée au siège international ;
- ailleurs, on explique que la procédure relative aux entretiens d'évaluation annuels s'est considérablement améliorée depuis l'utilisation d'un formulaire rempli préalablement par le chef et que le salarié n'aura plus qu'à signer ; cela représente un gain de temps, sachant que de toute façon il ne servira à rien ;
- comme on le verra plus loin, il est fréquent que les augmentations individuelles de salaire « au mérite » donnent l'impression aux intéressés d'être décidées sans aucune relation avec leurs efforts ou avec leurs performances car aucune information ne les accompagne en vue de les justifier ;
- dans un magasin, l'absence d'efficacité de l'encadrement et des délégués conduit le personnel à s'adresser directement à l'Inspection du travail afin d'obtenir, par exemple, la remise en état du chauffage dans les réserves ;
- dans une usine de mécanique, un jeune fraiseur affirme avec timidité : « La grève, c'était bien, ça nous a permis de visiter et de faire connaissance ».

Ici, deux observations s'imposent. D'une part, cette multiplication des « irritants » est le plus souvent ignorée de la direction générale, voire de la direction du site. Il peut arriver par exemple, que celle-ci soit persuadée que la procédure d'intégration des jeunes, telle qu'elle a été formalisée par une procédure *ad hoc,* se fait dans de bonnes conditions. Mais en réalité, si elle interrogeait les jeunes concernés, elle apprendrait qu'il n'en est rien et que faute de temps, ils ont été mis à leur poste de travail sans même avoir visité l'établissement et que personne ne leur a indiqué où se trouvait la cantine. D'autre part, les intéressés, faute d'explication, imputent volontiers les dysfonctionnements qu'ils subissent à une mauvaise volonté de la direction. S'il n'est pas possible d'obtenir qu'on change un néon défectueux, c'est bien que « la direction nous méprise », moyennant quoi la seule façon de se faire entendre serait de faire grève. Comment pourraient-ils savoir que le rapport d'un contrôleur de gestion venu du siège, constatant une dérive des dépenses de maintenance, a conduit à l'externalisation de la fonction « entretien des éclairages » à une entreprise sous-traitante qui s'est engagée par contrat à intervenir sur le site deux fois par an ?

Bien entendu, ces dysfonctionnements s'accompagnent de part et d'autres de procès d'intention qui ne font qu'aggraver la situation : selon les uns, « On ne peut pas travailler correctement, sachant qu'on demande en vain à la direction les tire-palettes dont on aurait besoin » ; selon les autres, « Ils nous en demandent sans cesse, mais ils n'en prennent aucun soin et on se demande ce qu'ils en font ». Ces incompréhensions nourrissent un imaginaire social privilégiant la confrontation : « de toute façon, ils ne veulent rien entendre ».

Des dysfonctionnements quotidiens aux carences du management

Voilà pour le constat, reste à expliquer cette dérive et ces aberrations. Dans les entreprises où l'on observe de tels dysfonctionnements, l'analyse laisse apparaître de graves carences de haut en bas de la chaîne d'encadrement :

- Dans telle usine employant pourtant plus de 2 000 personnes, jamais les membres de la direction générale ne se sont déplacés ou alors ils l'ont fait sans se faire connaître du personnel et s'ils ont traversé les ateliers (toujours rapidement), c'est en s'abstenant de saluer les salariés présents sur leur passage. Commentaire de ces derniers : « c'est qu'ils ne s'intéressent pas à nous ».

- L'encadrement de proximité ne dispose d'aucun pouvoir. Face à des négligences ou à des fautes professionnelles, il ne peut proposer de sanction par crainte de se faire désavouer. Face à une demande justifiée venant du personnel, il ne peut apporter de réponse, faute de pouvoir lui-même se faire entendre. Face à des rumeurs ou à un sentiment d'incertitude, il ne peut apporter d'information, faute d'en disposer lui-même.

- Ce même encadrement est peu visible, accaparé par de multiples tâches administratives (le fameux *reporting*) qui ne lui permettent pas de jouer son rôle d'animation. Par facilité, il « laisse faire », ouvrant ainsi la voie à toutes les dérives, quand il n'y participe pas lui-même. Son autorité est réduite et se limite à des tâches purement techniques ou administratives.

- L'anarchie au quotidien tend à s'installer. Par conscience professionnelle, certains s'efforcent de faire face à la situation, sans être pour autant reconnus pour les efforts qu'ils consentent. D'autres en profitent pour se mettre en roue libre, sachant que, de toute façon, ils n'ont aucune sanction à redouter. L'ambiance devient délétère, chacun se dissimulant derrière un rideau de silence.

- Chacun s'enfermant dans sa fonction, les dysfonctionnements se généralisent. Les tâches de coordination n'étant pas assurées, les retards et les erreurs se multiplient. Ceux qui voudraient travailler en sont empêchés, et chacun de s'en prendre au service voisin qui « n'a pas fait son travail ».

- Dans ce contexte, les représentants du personnel jouent un rôle important. Certains d'entre eux s'efforcent, bien ou mal, d'exprimer ce qui à leurs yeux ne va pas mais leurs critiques sont généralement mal reçues ou interprétées par la direction comme un signe de mauvais esprit de leur part, d'autant plus qu'elles sont exprimées avec force, sinon avec agressivité. D'autres en profitent pour abuser de la situation, dépassant allègrement les heures de délégation auxquelles ils ont droit à des fins qui ne sont pas forcément liées à leur mandat. Le sentiment s'installe que « ce sont les syndicats qui font la loi ».

* Les relations collectives de travail tendent ainsi à se détériorer, l'incompréhension et la méconnaissance des situations réelles nourrissant de part et d'autre les accusations : « mépris », « mauvaise volonté », « comportement inacceptable »… Il ne s'agit plus de rechercher des solutions mutuellement avantageuses, encore moins de contribuer à la réussite commune, mais de dénoncer l'autre et de chercher à le faire plier ou à le réduire au silence.

Un tel contexte se caractérise à la fois par une détérioration des rapports sociaux, un repli de chacun sur ses droits et un fonctionnement largement bureaucratique laissant peu de place à l'initiative et à l'innovation. Il en résulte une perte d'efficacité qui n'apparaît nulle part dans les comptes, mais qui n'en est pas moins, dans certains cas, extrêmement importante au point de mettre en cause l'existence même de l'entreprise ou de l'institution.

Les coûts du manque de management

Ce délabrement managérial a d'abord des effets sur le bien-être des employés. Il peut, par exemple, se manifester par une sensation de stress et avoir des conséquences sur la santé des individus, ceci entraînant une progression de l'absentéisme. Il se traduit également par des surcoûts pour l'entreprise. Les tensions sociales qui s'ensuivent peuvent déboucher sur des mouvements de grève et la perte de journées de travail. Mais ce n'est là que la partie émergée de l'iceberg. Les surcoûts les plus élevés proviendront des retards, des erreurs, des malfaçons ou des négligences résultant du désengagement des personnes, du laisser-aller, du désordre et du manque de coordination dans le travail.

Ces surcoûts sont bien réels mais parfois difficiles à détecter. Seule une analyse fine du *process* de travail permet de les appréhender. Supposons un chantier, dans le BTP, pour lequel l'entreprise a prévu 10 semaines de travail pour une équipe de 10 compagnons, soit 500 journées de travail. Cette prévision, qui aura servi de base au devis présenté au client, peut être compromise par toute une série de dérives qui auront pour effet de faire exploser les coûts :

- retards pris dans le lancement et dans la conduite du chantier, par suite d'une programmation mal maîtrisée de la mise à disposition des compagnons et du matériel qui leur est nécessaire, ce qui se traduira en fin de chantier par des indemnités de retard ;

- nécessité de refaire plusieurs fois un travail déjà effectué, les plans n'étant pas disponibles au moment du lancement du chantier ou par suite de modifications exigées par le client mais qui ne pourront pas toujours lui être facturées ;

- retards liés à l'indisponibilité, au moment voulu, du matériel (engins de levage, par exemple) ou des matériaux nécessaires, ceci par suite d'une commande tardive ou d'erreurs dans la commande ou dans la programmation de leur mise à disposition ;

- retards résultant d'un manque de coordination entre divers corps de métier et différentes entreprises intervenant simultanément sur le même chantier ;

- pertes de temps dues aux négligences répétées et non sanctionnées dans la conduite du chantier (retards répétés à l'arrivée au travail, temps de pause exagérés) et coulage en ce qui concerne le petit matériel et certains matériaux coûteux et faciles à faire disparaître…

De tels surcoûts peuvent facilement conduire à un doublement du nombre de jours de travail initialement prévu. Si la masse salariale s'élève à 50 % du prix de revient, tel qu'il aura été calculé et sera facturé, il en résulte un dépassement de 50 % par rapport au devis initial. À cela, s'ajoute le coût d'immobilisation inutile du gros matériel et les pertes de matériaux qui auraient pu être évitées. Et c'est ainsi qu'une marge d'exploitation de 5 % peut se transformer en une perte de 40 ou 45 %. Comment l'expliquer ?

- par l'absence de coordination avec les différents services qui concourent à l'ordonnancement du chantier ;
- par le manque d'autorité de la maîtrise, qui « laisse faire » sachant qu'elle ne sera pas soutenue par l'encadrement ou par crainte de réactions syndicales ;
- par le désengagement d'une partie importante du personnel, tel qu'il résulte d'habitudes qui se sont progressivement enkystées ou d'une absence d'information sur la dimension économique du chantier et les enjeux qui en résultent pour l'entreprise.

Chaque métier génère ainsi ses propres dysfonctionnements. Dans les industries mécaniques, il s'agira, par exemple, du temps de changement des outillages ; dans le commerce, de la disponibilité manifestée à l'égard du client. Tous ces dysfonctionnements ont pour effet de peser sur les coûts, donc sur la rentabilité de l'entreprise. Par ailleurs, ils sont tous la conséquence, au moins en partie, de négligences en matière de management humain. Reste alors à savoir comment redresser la situation.

Comment redresser la situation ?

Ce considérable manque à gagner passe souvent inaperçu aux yeux de la direction générale car il est difficile à mesurer et ne figure pas dans les comptes. La vision purement financière de l'entreprise conduit à négliger la réalité, dès lors que celle-ci n'est pas réductible en chiffres bien identifiés. Le « social » est perçu comme une source de coûts par rapport à la dimension commerciale et technique de l'entreprise, qui seraient seules « créatrices de valeur ». Dans ces conditions, le DRH peine à se faire entendre. Sa fonction est perçue d'une façon restrictive : recrutement, administration du personnel, respect des dispositions légales, relations avec les représentants du personnel, formation…, le tout assaisonné volontiers d'appellations plus ou moins prétentieuses.

Et pourtant, il y a tout lieu de penser que c'est précisément la qualité du management humain de l'entreprise qui est susceptible de « faire la différence » :

- Le rôle de l'encadrement intermédiaire doit être valorisé. Il doit se sentir soutenu, disposer du temps nécessaire et des informations indispensables, faire l'objet d'une appréciation sur la qualité de son animation indépendamment des objectifs opérationnels qui lui sont assignés, et disposer d'outils et de méthodes. Cela suppose que toute la chaîne hiérarchique soit sensibilisée à l'importance qu'il convient d'accorder à la dimension humaine de l'entreprise en tant que vecteur de réussite durable et exige une gouvernance fondée sur le respect de valeurs qui ne soient pas que financières.

- Les progrès réalisés dans la qualité du management humain doivent être autant que possible mesurables, les efforts en ce sens récompensés et les négligences ou les fautes effectivement sanctionnées. Cela suppose d'avoir le courage de passer outre les menaces que celles-ci peuvent susciter de la part de certains représentants du personnel.

- Cette rigueur de gestion demande à être soutenue dans le temps. Toute dérive dans le sens de la négligence requiert ensuite des efforts considérables lorsqu'il s'agit de revenir à de saines pratiques, compte tenu du poids des habitudes qui se sont installées.

- Comme on le verra au chapitre suivant, la direction doit se garder de l'illusion qui la pousse à croire que ce qu'elle a décidé est effectivement appliqué. Elle doit disposer de canaux d'informations remontantes et tel est notamment le rôle des représentants du personnel : faire savoir « en haut » ce qui se passe « en bas » et qui, autrement, ne serait pas connu des dirigeants.

Dès à présent, on peut observer qu'il en va de la réussite durable de l'entreprise ou de l'institution, mais également de la qualité de vie au travail des salariés. C'est là une heureuse coïncidence, qui n'est probablement pas le fruit du hasard. Certains parleraient d'un jeu à somme positive, d'autres de « gagnant-gagnant ».

Chapitre 2

L'entreprise vue d'en haut et l'entreprise vue d'en bas : le grand écart

Le dirigeant d'entreprise ne s'en rend pas nécessairement compte, mais il est guetté par la solitude. Souvent, les équipes de direction portent ainsi une appréciation erronée sur le climat social au sein de l'entreprise. C'est dans ces conditions qu'elles se laissent fréquemment surprendre par des réactions (voire un conflit) à leurs yeux totalement inattendues.

Et pourtant, l'était-il vraiment ? Il n'est pas rare qu'après coup, des agents de maîtrise, interrogés dans le cadre d'une enquête sur le climat social, affirment qu'il n'en était rien : « Nous l'avions vu venir, mais on ne nous a pas écoutés ».

Une veille sociale efficace constitue ainsi une fonction indispensable à l'entreprise. Celle-ci se traduit dans certaines grandes entreprises par la création d'un « observatoire social », parfois sophistiqué, mais qui n'est pas nécessairement performant faute d'une véritable capacité d'écoute venant des dirigeants. Or, l'écoute ne passe pas nécessairement par la création de structures *ad hoc* mais par un comportement de tous les jours, venant de l'ensemble des managers.

Point de vue du directeur et point de vue des salariés

Prenons l'exemple d'un très bel hôtel qui n'a pas été refait depuis une trentaine d'années et dont les chambres sont par conséquent un peu vétustes. Par ailleurs, d'autres établissements de même catégorie ont été construits à proximité, diminuant ainsi la clientèle de l'hôtel. La société qui l'exploite se trouve alors face à un choix décisif : fermer (ou vendre, mais dans de mauvaises conditions) ou procéder à un *revamping* complet de l'établissement.

Compte tenu du potentiel commercial estimé, c'est le second choix qui est retenu. Un nouveau directeur est nommé, dont la mission est double : mener à bien les travaux et procéder à la relance commerciale de l'établissement. La chaîne fait appel à lui parce que c'est un homme expérimenté. Il arrive, nomme quelques chefs de service qu'il a « amenés dans ses bagages » et se met au travail. Mais ce n'est pas simple car si le personnel est certes expérimenté, les employés sont pour la plupart des « anciens » qui se sont installés dans leurs habitudes. Pour eux, le début des travaux représente un véritable bouleversement.

Un an plus tard, le nouveau directeur a quelques raisons de pouvoir se dire satisfait. L'établissement a été refait de fond en comble, avec un design très moderne que tous les visiteurs s'accordent à considérer comme une réussite. Les clients sont de retour et pour la première fois depuis des années, l'hôtel a gagné de l'argent. Soucieux d'associer l'ensemble du personnel à ce succès, le directeur annonce une prime exceptionnelle générale, représentant un mois de salaire. Formidable, non ? Le problème, c'est que trois semaines plus tard, il est question d'un mouvement de grève.

Panique du directeur. Qu'est-ce qui a bien pu se passer ? Ce qui s'est passé, c'est que la réalité vue par « ceux d'en bas » n'a rien à voir avec la situation telle qu'il la voit lui ou telle que la lui décrivent certains de ses collaborateurs directs. Ce qu'ils disent est très différent. Dans les chambres, on a remplacé les draps et les couvertures par des couettes, et ces dernières, expliquent les femmes de chambre, sont beaucoup plus difficiles à changer. Au restaurant, la nouvelle carte, très « tendance », génère beaucoup plus d'assiettes à laver que l'ancienne. À la réception, ces dames n'admettent pas d'avoir à proposer au client qui arrive tard le soir un plateau repas froid plutôt que d'avoir à faire appel au room service comme avant. De plus, la nouvelle direction a bousculé les habitudes. Par exemple, les femmes de chambre n'ont plus droit, comme par le passé, à une bouteille d'eau chaque jour. Elles doivent désormais aller à la fontaine à eau qui n'est pas tout près sans qu'on leur ait demandé leur avis. Ainsi, le nouveau directeur est considéré comme « méprisant le personnel ». Pour le syndicat, la solution est simple, à savoir une augmentation de salaire, « Et que l'on ne nous dise pas qu'il n'y a pas d'argent ! De l'argent, il y en a, la preuve, la prime exceptionnelle ». D'une façon paradoxale, c'est elle qui aura ouvert la voie à la bronca.

Finalement, la grève n'aura pas lieu. En revanche, le comité de direction se sera soumis à une sérieuse séance de *débriefing*. Que s'est-il passé ? Il était tout simplement sur son nuage et n'a pas su voir ce qui se passait à la base. Les « signaux faibles » n'ont pas été entendus. Le souci de bousculer les habitudes, jugées rétrogrades, a été interprété comme une remise en cause des avantages acquis. Certains chefs de service, parmi les anciens, ont sans doute préféré se taire. Eux aussi se sentaient dépossédés ; ils n'auront pas été fâchés que les nouveaux venus se prennent les pieds dans le tapis.

Il s'agit d'un exemple mais il n'est pas isolé. Un conflit, qu'il aille ou non jusqu'à la grève, est avant tout une rupture de communication. Et comme on le verra plus loin, les entreprises ne savent pas toujours très bien comment communiquer. Les dirigeants se font des illusions. Ils ne mesurent pas à quel point l'image qu'ils donnent d'eux-mêmes est différente de ce qu'ils croient être. Vue d'en haut et vue d'en bas, il ne s'agit pas de la même entreprise, du moins si l'on s'en tient à ce que disent les uns et les autres.

Pourquoi les dirigeants deviennent-ils autistes ?

Il aura fallu presque 10 ans pour que les dirigeants du Medef s'avisent de la dégradation croissante de l'image de l'entreprise, que les sondages mettaient pourtant en évidence depuis 1995. Ceci s'explique probablement par le fait que cette évolution ne coïncidait pas avec ses priorités du moment : obtenir plus de flexibilité, moins d'État, plus de facilités d'adaptation à la nouvelle donne économique mondiale. C'était ce qui s'appelle « avoir l'esprit ailleurs ».

Il en est de même pour l'entreprise, qu'elle soit grande ou petite. Comme pour l'exemple de l'hôtel, les enquêtes de climat social, que l'on s'empresse de diligenter après le conflit, confirment souvent que les dirigeants se faisaient des illusions. Ce manque de clairvoyance sur l'état d'esprit des salariés et sur leurs réactions possibles s'explique de différentes façons :

* L'absence de contrôle sur la mise en œuvre effective de décisions ou de mesures qu'ils s'imaginent être effectivement appliquées alors qu'il n'en est rien, comme on l'a mentionné précédemment. Par exemple, le DRH d'une entreprise met en place une procédure d'accueil des nouveaux embauchés et édite un livret, moyennant quoi il s'imagine que ses directives sont effectivement appliquées alors que ce n'est pas le cas (les paquets de livrets dorment quelque part dans des placards). La méconnaissance porte alors sur des faits qui expliquent dans un deuxième temps les réactions imprévues de la part du personnel.

20

- Ayant l'esprit occupé par la mise en œuvre de leur stratégie et l'obtention des résultats économiques qui leur sont exigés, les dirigeants sous-estiment les réactions du personnel. Ce manque d'attention peut être renforcé par l'ignorance des réalités du milieu social que constitue l'entreprise et par un manque d'intérêt pour sa dimension humaine. Les décisions sont alors prises en fonction de considérations financières, commerciales ou techniques dont les conséquences, pour ceux qui en subiront les effets ou devront participer à leur mise en œuvre, sont sous-estimées ou ignorées, souvent en toute bonne foi.

- Les dirigeants peuvent également se faire des illusions en s'imaginant que la réalité de l'entreprise est conforme aux principes éthiques qui les guident et qui conditionnent la vision qu'ils se font de leur action et de ses résultats. « Notre entreprise est soucieuse de la promotion des personnes », cette affirmation est très certainement vraie dans l'esprit du dirigeant pour lequel il s'agit là d'un principe qui a inspiré son action tout au long de son existence, mais elle l'est moins certainement sur le terrain. Il « prend alors ses désirs pour des réalités » et tend à s'enfermer, en toute bonne foi, dans une vision de l'entreprise qui est en décalage par rapport à sa réalité et à son évolution, telles qu'elles peuvent être perçues par les salariés. Ce décalage s'accroît nécessairement avec la taille de l'entreprise. Ce qui était vrai à ses débuts, lorsque le fondateur jouait un rôle direct, l'est moins lorsque la pensée de celui-ci se fonde sur les informations provenant de multiples intermédiaires.

- Le mode de commandement, tel qu'il résulte du comporte-ment personnel du dirigeant, peut en outre décourager l'expression de points de vue qui ne seraient pas conformes à ce que son entourage croit qu'il souhaite entendre. Le porteur de mauvaises nouvelles craint pour lui-même et s'abstient donc de s'exprimer clairement. Il en résulte donc, dans l'entourage du dirigeant, un discours lénifiant : « Tout va bien, Madame la Marquise ». Les voix discordantes par

21

rapport à ce discours « politiquement correct » risquent alors de ne pas être entendues. La direction s'enferme ainsi dans des représentations parfois dramatiquement décalées par rapport à la réalité.

Le DRH lui-même, dont c'est pourtant la fonction, peut tout à fait ignorer ce qui se passe sur le terrain, dont il est souvent assez éloigné. Ceci peut résulter :

- d'un réseau RH trop faible ou dont les membres (RRH d'établissements, par exemple) sont insuffisamment expérimentés et ne voient pas les « faits porteurs d'avenir » qu'il conviendrait de lui rapporter ;
- de ce que les « baronnies locales » (chefs d'unités, par exemple) sont parfois organisées de façon à ce que les informations désagréables ou susceptibles d'entraîner une réaction du siège (qu'ils souhaitent éviter) ne parviennent pas à celui-ci. Si le contrôle de gestion est le plus souvent efficace sur le plan financier ou en matière d'assurance qualité, il n'en est pas nécessairement de même dans le domaine des relations sociales, qui constituent souvent la partie « obscure » de l'entreprise ;
- du manque d'attention apporté à des problèmes pourtant bien connus du DRH et dont il a parfaitement identifié les conséquences possibles sur le long terme, mais qui sont négligeables aux yeux des membres du comité de direction, d'abord soucieux de résultats à très court terme.

Réduire l'écart entre la perception et l'objet perçu

L'effort des équipes de direction pour réduire l'écart entre ce qu'elles croient savoir et ce qu'il en est réellement peut lui-même faire l'objet d'illusions ou servir de simple couverture

(« Nous avions pourtant fait ce qu'il fallait pour ne pas nous laisser surprendre ») :

- la création d'un « observatoire social », supposé informer les dirigeants de l'évolution du climat social, peut déboucher sur un système bureaucratique, coûteux, qui mouline des informations « politiquement correctes » auxquelles plus personne ne prête attention et qui se révèle finalement incapable d'annoncer l'essentiel en temps utile ;
- les enquêtes d'opinion ou les sondages peuvent également aboutir à des résultats qui passent à côté de l'essentiel ou qui s'avèrent être inutilisables. À quoi sert-il, en l'absence d'une information plus précise, de savoir que « 53 % des personnes interrogées se déclarent satisfaites des conditions de travail » ?

L'illusion, en matière de climat social, peut toutefois s'avérer coûteuse. Une grève inopinée, qui aurait pu être évitée à moindres frais, représentera une perte d'exploitation qui pèsera sur les comptes de l'entreprise. Mais inversement, la direction, faute d'une connaissance suffisante du « terrain », peut s'interdire des décisions dont elle redoute à tort les conséquences sociales. La qualité de la veille sociale représente donc une contribution à la performance globale de l'entreprise. Celle-ci passe par toute une série de bonnes pratiques que l'on peut analyser séparément mais qui doivent former un ensemble cohérent :

- Un réseau RH de qualité, ce qui suppose notamment que les RRH de site ou au niveau régional disposent d'une indépendance suffisante par rapport au directeur du site ou au directeur régional, ce qui n'est pas toujours le cas. Celui-ci peut en venir à instrumentaliser le jeune RRH, en faire l'exécuteur de ses basses œuvres et le contraindre au silence.
- La promotion de bonnes pratiques en matière de management humain et un système de contrôle en ce qui concerne leur mise en œuvre effective. Ceci suppose que l'appréciation portée sur

les exploitants, au-delà de leurs résultats immédiats, prenne en compte ces bonnes pratiques qui doivent évidemment être adossées à des valeurs affirmées, sinon toujours partagées, qui permettront de distinguer clairement ce qui est admissible de ce qui ne l'est pas.

- Une prise en compte de la dimension RH comme étant l'une des contributions majeures, au même titre que la finance, le marketing ou la technique, à la réussite globale de l'entreprise, ce qui n'est pas toujours le cas. En effet, la fonction RH est souvent considérée comme une intendance plus ou moins secondaire par rapport à l'essentiel (« le business ») et une source de coûts. Il en résulte que le DRH doit être associé aux décisions dites « stratégiques » et faire par conséquent partie du comité de direction, ce qui n'est pas toujours le cas.

- Une reconnaissance de la pluralité des points de vue, excluant l'endogamie sélective et la tendance à se maintenir en vase clos par rapport à d'autres perceptions possibles de la réalité de l'entreprise. Ceci suppose de ne pas rejeter *a priori* les points de vue dissidents, et notamment ceux des représentants du personnel. Cette reconnaissance doit pousser les dirigeants à pratiquer le *management by walking around*, à faire en sorte que ne se crée pas autour d'eux une atmosphère de crainte respectueuse excluant toute impertinence à leur égard, à éviter de se laisser enfermer dans leurs propres certitudes ou désirs, et à développer les réseaux relationnels latéraux qui leur permettront de « se faire une idée » de la situation telle qu'elle est et non telle que leur entourage voudrait leur faire croire.

La veille sociale est donc à considérer à deux niveaux : il s'agit de toute évidence d'un problème de DRH, mais c'est aussi un problème de direction générale. La difficulté résulte de ce que les DRH peinent souvent à se faire entendre et qu'ils manquent d'outils leur permettant de mesurer le coût, réel et potentiel, d'une perception insuffisante du climat social et donc les marges de

24

productivité susceptibles de résulter d'une meilleure intégration du « social » dans le projet global de l'entreprise. Il s'agit pourtant là d'une source de création de valeur décisive dans certains secteurs d'activité. Littéralement, ainsi que l'affirmait l'Institut de l'entreprise dans les années 1980, « c'est l'homme et l'organisation qui font la différence ».

Chapitre 3

Ce que pensent les salariés de leur encadrement

Lorsque les salariés manifestent leur ras-le-bol, ils mettent souvent en cause le comportement de l'encadrement à leur égard. La qualité du climat social repose largement sur la qualité des relations entre les salariés et leur supérieur hiérarchique immédiat, leur chef. Ces rapports sont souvent bons. Au fur et à mesure que l'on monte dans la hiérarchie de l'entreprise, en revanche, l'image que les managers donnent d'eux-mêmes tend à se dégrader. Autrement dit, le salarié considère son chef tel qu'il est, avec ses qualités et ses défauts, mais il se montre souvent plus critique vis-à-vis du chef d'établissement, surtout s'il le connaît peu (ou pas du tout). Il se méfie beaucoup de la direction générale, et plus encore de celle de la société mère, à laquelle, à tort ou à raison, il prête volontiers les pires intentions[1].

---

1. *Divorce à la française* de Hubert Landier, Dunod, 2006.

Si les salariés entretiennent donc des rapports plutôt corrects avec leur supérieur hiérarchique immédiat, les témoignages recueillis à l'occasion d'enquêtes de climat social laissent apparaître que ce n'est pas toujours le cas. Le manager peut se montrer distant, méprisant, inaccessible, incapable d'écoute comme de prendre une décision. Certains jeunes le trouvent trop rigide. Certains anciens, au contraire, estiment qu'il ne connaît pas bien le travail et ne sait pas reconnaître leur expérience. Les récriminations formulées au fil des entretiens sont révélatrices, d'une part de ce que les salariés attendent de leur encadrement, et d'autre part des difficultés éprouvées par celui-ci.

Quand les salariés plébiscitent l'encadrement

Certaines entreprises se distinguent par d'excellents rapports entre les membres de l'encadrement de proximité et leurs collaborateurs. Il en est d'autres, en revanche, où ces relations varient largement en fonction de la personnalité de l'encadrant. D'autres encore sont le lieu de vives critiques, qui seront analysées un peu plus loin. Enfin, il est des entreprises où les salariés notent une amélioration dans le comportement de leur encadrement.

« Les rapports avec les chefs sont bons »

Lorsque les salariés sont satisfaits du comportement de leurs supérieurs hiérarchiques, ils se contentent souvent d'un jugement lapidaire dont voici quelques exemples :

> En général, ça se passe bien.
> On ne sent pas de distance.
> Ils disent bonjour et savent donner l'exemple.
> Les chefs sont abordables, le dialogue est possible.
> Ils admettent la critique.
> Avec l'encadrement, ça se passe très bien, on a envie d'aller travailler.

28

« Leur comportement s'améliore »

Là où les encadrants font l'objet de critiques, les salariés néanmoins relèvent parfois une amélioration dans leur comportement. Selon les cas, cette évolution est attribuée :

- à l'arrivée dans l'entreprise de jeunes agents de maîtrise dont le comportement est plus ouvert que celui de leurs prédécesseurs ;
- à la mise en œuvre de nouvelles méthodes de management donnant davantage de place à la qualité des rapports de travail, et qui ont parfois eu pour conséquence de bouleverser le rôle de l'agent de maîtrise ;
- à une volonté de la direction de réhabiliter le facteur humain par rapport à la recherche de résultats économiques ou commerciaux.

Avant, les directeurs ne disaient pas bonjour, maintenant, ils disent toujours un mot gentil.

Les agents se rendent compte du changement dans les relations entre la direction et les syndicats. L'encadrement passe d'un rôle d'adjudant à un rôle d'animation et certains le vivent mal. Ceux qui avaient été recrutés pour casser la cogestion ont du mal à s'y retrouver.

Le rôle des agents de maîtrise a changé. On a davantage de responsabilités. Il donne des objectifs, il y a une discussion. On l'a moins sur le dos. Pour moi, c'est bon. Mais pour certaines personnes, il ne faut pas trop qu'il s'éloigne.

Les responsables ont évolué en bien, ils sont plus souples mais il y a aussi du laisser-aller, certains d'entre eux, il y a 6 ou 7 ans, on ne pouvait pas compter sur eux, c'était chacun dans son coin.

Les jeunes maîtrises sont beaucoup plus au contact et c'est un progrès qui fait énormément plaisir. Ils n'ont pas le passif culturel des anciens. Il n'y a pas photo !

Lorsque les salariés estiment qu'il y a une détérioration des rapports de travail dans l'entreprise, ils en attribuent généralement la responsabilité à la politique menée par la direction et non au comportement des encadrants immédiats, qui, à les entendre, ne sont pas mieux lotis qu'eux.

Ce que les salariés attendent de l'encadrement

Les louanges comme les critiques mettent bien en évidence les qualités que les salariés attendent de leur encadrement. Celles-ci s'expriment en des mots simples : respect, présence, écoute, réponses, délégation, reconnaissance, décision, disponibilité et proximité.

Dans certains cas, ces qualités apparaissent comme antinomiques : les salariés attendent des encadrants qu'ils sachent prendre des décisions, tout en souhaitant qu'ils leur fassent confiance et qu'ils aient le sens de la délégation.

Du respect

Le respect passe d'abord par un acte élémentaire, dire bonjour. Dans certaines entreprises, ce « Bonjour » va de soi et il est vivement apprécié.

> Le directeur est très présent, son « Bonjour » du matin est très apprécié.
> Le directeur nous dit bonjour quand il passe le matin.

Il arrive toutefois que les chefs s'abstiennent de dire bonjour. Cet « oubli » est alors perçu comme un signe de mépris par les salariés.

> Les cadres ne saluent pas systématiquement les employés, c'est assez frustrant pour eux.
> Il y a encore des cadres qui arrivent mais qui ne vous disent pas bonjour, même quand ils ont besoin de vous, mais c'est une minorité.
> Il faudrait que les jeunes chefs de rayon apprennent à dire bonjour.
> Quand ils prennent leur café à la cafétéria, ils ne disent pas bonjour quand je viens déposer mon repas, c'est un manque de respect. Il y a le clan des cadres, c'est clair et net, et il n'y a pas de mélange, ils restent entre eux.

Le jeune contremaître, s'il sait d'où il vient, il fait bien son travail. Mais le contremaître qui sort de l'école d'ingénieur, qui a été nommé récemment et qui ne dit pas bonjour aux opérateurs... je pense que ça finira mal, surtout avec les plus anciens.

Au-delà de l'absence de bonjour, ce que les salariés reprochent à certains membres de l'encadrement, c'est de donner des ordres sans prendre le temps d'écouter le point de vue de leurs collaborateurs, de se croire supérieurs à eux et de leur parler sur un ton jugé inacceptable.

Les anciens agents de maîtrise ont eu l'habitude de faire marcher les gens à la baguette, ils sont irrespectueux avec les opérateurs.

Il y a un manque de respect vis-à-vis des personnes. Les responsables considèrent les collaborateurs comme au-dessous, c'est une organisation très hiérarchique. En fait, ça dépend de la personne en place.

On s'entend bien entre collègues, le problème, c'est avec le responsable de service. Il n'y a aucun dialogue possible, il nous rabaisse. Avant de parler, on a déjà tort. Il ne m'adresse pas la parole pendant des jours, il ne dit jamais bonjour.

Il nous écoute à peine et il faut voir comment il nous répond.

Ils prennent les ouvriers très mal, comme des esclaves. Ils ne nous répondent pas, il n'y a pas de dialogue possible.

Une présence

Le bonjour matinal n'est pas suffisant, encore faut-il que l'encadrant soit présent et accessible durant la journée.

Le chef de département, tous les matins, va dire bonjour à chacun, mais pas le chef de rayon, on ne sait pas s'il est là ou non.

On a eu un responsable, il disait bonjour le matin, il s'enfermait dans son bureau et il disait au revoir le soir. Il passait toute la journée sur son PC. Ce n'est pas possible mais je crois qu'ils l'ont compris, ils sont de plus en plus sur le terrain.

On voit très rarement le responsable de département, on a peu de contacts avec lui. Il dit bonjour quand il y pense, beaucoup de personnes se plaignent de ça. Un « Bonjour » serait suffisant. Les gens pensent qu'on n'existe pas pour lui. Avec le chef d'équipe, ça se passe par contre très bien, il est à l'écoute et il est là quand on a un souci. Par contre, il y a une barrière entre les employés et les cadres.

Dans certains cas, les ouvriers ou les employés savent bien que si leur chef n'est pas davantage présent, c'est qu'il est submergé de tâches administratives qui l'obligent à rester « scotché » derrière son ordinateur (on y reviendra). Mais dans certains cas, en revanche, il se trouve accusé de ne s'intéresser en réalité ni à ce que font ses collaborateurs, ni à ses collaborateurs eux-mêmes.

Il y a des patrons qui restent dans leur bocal toute la journée.

À un moment, j'ai eu un jeune chef de 30 ans. Il restait dans son aquarium.

On ne voit plus la maîtrise, toujours en réunion.

Parfois, on passe deux semaines sans voir le directeur.

On les voit surtout le matin. On ne les voit pas beaucoup. Ils sont dans leur bureau. Avant, ils étaient davantage sur le terrain.

Il y a des responsables, il faudrait qu'ils soient davantage sur le terrain pour voir ce qui se passe. Certains ne font pas attention au malaise qu'il y a, déjà, dire « Bonjour », rien que ça, ça ferait plaisir aux filles. Avant, ils participaient davantage à ce qu'on faisait.

De l'écoute

Les salariés apprécient de pouvoir parler avec leur patron direct, lui poser des questions, lui donner leur avis, lui faire part de leurs problèmes ou, tout simplement, échanger des idées. Mais beaucoup affirment que ce n'est pas possible avec tous. Par ailleurs, il faut distinguer la vraie écoute de la fausse, c'est-à-dire ceux qui font semblant d'écouter et qui de toute façon n'y connaissent rien, et ceux qui n'ont jamais le temps ou que ça ne semble pas intéresser d'échanger avec leurs collaborateurs.

L'agent de maîtrise sait nous écouter, il nous prend à part quand il y a un problème.

Avec mon chef, ça se passe très bien, on peut parler de tout. À la limite, c'est trop cool ! Elle fait des réunions une fois par mois, elle répercute ce qui s'est dit entre cadres, mais parfois, on ne nous dit pas tout.

Le responsable de rayon est disponible, il aime bien imposer ses idées, mais on peut discuter.

Les relations avec l'encadrement, ça va. S'il y a un problème, on est assez grand pour se prendre entre quatre yeux. Ça se passe bien. Il n'y a pas de source de conflits. On est d'accord ou pas d'accord, on s'explique.

Le problème, c'est qu'il écoute avec politesse, mais qu'il s'en fout royalement. Il n'y connaît strictement rien. Les chefs ne sont pas bien choisis. Avant, ils étaient tirés de l'atelier et ça allait mieux.

On le voit en début de poste et il passe dans la journée. Généralement, ça va mais il arrive qu'il ne nous écoute pas. Il maintient sa position alors qu'il sait que c'est faux. Alors on s'emporte. On est souvent obligé de parler fort, de gueuler pour faire avancer les choses. On s'attrape 20 minutes dans l'allée avec l'agent de maîtrise. S'il écoutait un peu plus, on n'en viendrait pas là. On en discute souvent, entre les jeunes, ça dégrade l'ambiance.

Il y a un problème de communication avec notre patron. Il communique très peu, il n'écoute pas, il est nerveux. Parfois, il est charmant, mais il a des sautes d'humeur, il y a des hauts et des bas. Depuis deux ans, il est sur les nerfs, on ne peut pas lui parler et ça rend tout le monde nerveux.

Des réponses

Ce n'est pas parce que l'on peut parler avec son supérieur hiérarchique que les suggestions qu'on lui fait seront nécessairement retenues. Lorsque des idées, que l'on estime pertinentes, lui ont été présentées, qu'il les a prises en considération, mais que rien ne suit, il en résulte parfois un sentiment intense de frustration. Plus que le chef, c'est l'organisation toute entière qui se trouve alors mise en cause, avec cette conclusion : puisque de toute façon ça ne sert à rien, autant se taire. De cela découle une tendance au désengagement qui se double de fortes critiques à l'égard de l'entreprise.

Si on a une question, c'est facile d'en parler, le chef se renseigne s'il n'a pas la bonne réponse.

Quand on fait une demande, on a la réponse.

On en parle au chef mais rien n'est fait et il ne dit pas pourquoi.

Ils nous écoutent, mais ça ne veut pas dire que ça suit.

Les responsables ne font pas toujours le nécessaire pour résoudre les problèmes qu'on leur signale, des trucs pourtant tout simples, ou alors c'est tardif.

Ils n'écoutent pas, il y a des trucs, j'ai plus envie de les dire. C'est le « j'enfoutisme » partout. Avant, le problème était résolu immédiatement, ce n'est plus le cas.

On signale à notre chef et ça ne bouge pas. Au-dessus, on ne sait pas ce qui se passe, ils ne tiennent pas compte de ce qu'on leur dit. Ensuite, ils modifient parce que ça ne marche pas et ça coûte plus cher.

Les chefs attendent que les gens en aient vraiment ras-le-bol pour faire quelque chose. C'est bien beau d'écouter le personnel, mais après il faudrait mettre les moyens. On est écouté, mais si ça ne suit pas les gens, à force, ils ont le sentiment que les choses n'avancent pas.

Une délégation

Lors des entretiens, certaines personnes expriment le souhait de pouvoir prendre des initiatives dans leur travail, ce qui suppose une certaine délégation de responsabilité. Cependant, ils considèrent souvent que cette délégation est insuffisante, soit parce que le supérieur hiérarchique ne sait pas déléguer, soit parce que l'organisation est jugée trop hiérarchique et centralisée. Lorsque le chef prétend tout décider par lui-même, l'absence de délégation est vite perçue comme une incapacité à faire confiance, et donc comme une attitude insultante compte tenu de ce que l'intéressé estime être capable de décider par lui-même.

Mon chef, on n'arrive plus à lui parler. Quand il y a quelque chose qui ne va pas, on nous le dit, mais quand il y a quelque chose qui va bien, on ne nous le dit jamais. C'est un perfectionniste, il faut qu'il mette son nez partout, il ne sait pas déléguer.

Le problème, c'est qu'il n'y a qu'une personne qui décide, c'est complètement centralisé et ça n'arrange pas les choses.

Beaucoup de cadres semblent ne pas se rendre compte qu'ils ont en face d'eux des adultes responsables, ça crée des contentieux.

La façon de manager diffère d'un responsable à un autre, selon qu'il respecte ou non ses collaborateurs. On a eu un chef de service qui savait déléguer, mais aujourd'hui, c'est plutôt quelqu'un qui divise pour mieux régner et qui fait preuve de démagogie. C'est difficile à vivre, certains ne réagissent pas trop pour avoir la paix et ceux qui réagissent, c'est à leur détriment. Or, ce type de comportement peut sauter les échelons. Ça fonctionne très bien avec les jeunes embauchés qui ont peu de caractère mais pas avec ceux qui sont plus anciens et qui ont du caractère. Les réunions sont des monologues, et il arrive qu'il y ait des clashs et que des gens quittent la réunion.

De la reconnaissance

Derrière ce problème de délégation, la question qui se pose est celle de la reconnaissance. Or, nombre de supérieurs hiérarchiques, en France, s'expriment volontiers quand quelque chose ne va pas, mais s'abstiennent de féliciter leurs collaborateurs quand ceux-ci ont accompli avec succès leurs tâches ou encore de les remercier lorsqu'ils ont fourni des efforts exceptionnels.

Cette reconnaissance, il convient de le souligner, n'est pas seulement une question d'argent. Comme le remarque un compagnon travaillant dans une importante entreprise de mécanique, la poignée de mains compte tout autant.

> On n'est pas reconnu. C'est rare d'être félicité par les chefs, ils mettent tout le monde dans le même sac.
>
> Si on réussit une modification sur une machine, on peut avoir une récompense et une claque sur l'épaule. Parfois, sur une grosse modification, on peut avoir une prime. Mais sur la quantité de travail abattue, je n'ai jamais vu un chef venir me féliciter et me donner une prime pour ça !
>
> Certains membres de l'encadrement prennent en charge les problèmes humains, mais ce ne sont pas forcément les plus jeunes. Ces derniers laissent de côté la dimension humaine, ils mènent leur carrière. Ne serait-ce que des choses simples : dire bonjour et au revoir, c'est déjà difficile ; savoir parler aux gens ; une chaleureuse poignée de mains a son importance.

Des décisions

Les personnes rencontrées expriment le souhait de bénéficier d'une délégation de responsabilité suffisante dans les domaines qu'elles estiment maîtriser, mais veulent également que leur supérieur hiérarchique sache, quand il le faut, prendre des décisions. Dans le cas contraire, il en résulte un sentiment de laisser-aller, d'anarchie, de pagaille préjudiciable à l'efficacité collective et aux résultats.

À cela s'ajoute parfois un manque d'information, qui se traduit par des rumeurs contradictoires ou par des « cachotteries » autour de « secrets de polichinelle » (voir chapitre 6).

> Ici, il n'y a personne qui prenne des décisions.
>
> Les gens ne se sentaient pas soutenus par l'encadrement, le moindre truc, c'était « débrouille-toi ». Depuis son bureau, il dit : « C'est de votre faute ».
>
> Avec ma hiérarchie, ça se passe bien, il est exigeant, mais il a un bon contact. Avec mon responsable prévention, ça se passe bien. Mon ingénieur sécurité, je le trouve parfois un peu trop absent. On est relativement libre. Je préfère être recadré. Libre c'est bien, mais je préfère avoir une ligne de conduite.

De la disponibilité

En cas de problème, les salariés apprécient de pouvoir s'adresser à tout moment à leur supérieur hiérarchique. Ceci les conduit alors, si nécessaire, à s'adresser plutôt à lui qu'au délégué du personnel.

> Le responsable de rayon a su souder l'équipe. Il a du caractère, mais si on a un souci particulier, il sait se montrer attentif.
>
> Le responsable a toujours son bureau ouvert, on peut tout lui dire, il ne le prend pas mal.
>
> Avec mon chef, on se voit tout le temps, il est très disponible et sa porte toujours ouverte. Par contre, je ne vois pas souvent son propre chef.
>
> Ce serait plus efficace d'aller voir les gens les plus compétents sur le terrain que d'organiser des réunions d'encadrement d'où il ressort de grosses bêtises.
>
> L'ambiance n'est pas bonne, les problèmes se sont accumulés avec le départ de l'ancien responsable qui a été remplacé par quelqu'un d'absent que l'on appelle « le fantôme » et ça crée une mauvaise ambiance. Par exemple, la semaine dernière, on a fait l'effort de venir malgré la grève des transports. On a demandé à partir plus tôt et on s'est pris un mûr alors que la convention collective le permet. On est obligé d'aller voir le syndicat pour voir la direction.

De la proximité

La disponibilité des cadres est à distinguer de leur proximité avec leurs collaborateurs. Dans certaines entreprises, il est fréquent que les uns et les autres se retrouvent, régulièrement ou de temps en temps, pour « casser la croûte », ce qui est très apprécié.

Avec la hiérarchie, il n'y a pas de problème pour manger ensemble.

Avec mon responsable, quand on a besoin de se voir, on se voit. On casse la croûte ensemble de temps en temps mais il y a aussi des petits chefs.

En revanche, dans nombre d'entreprises subsiste une cloison symbolique très forte entre les différents niveaux hiérarchiques, notamment entre cadres et non-cadres, ce que ceux-ci jugent sévèrement. En attestent les nombreux témoignages recueillis en ce sens.

Les cadres sont avec les cadres, les agents de maîtrise avec les agents de maîtrise et les employés avec les employés. On ne verra jamais un cadre déjeuner avec un employé. C'est un peu fermé, ils font la différence et les relations sont très hiérarchiques.

On ne se mélange pas entre cadres, agents de maîtrise et employés. Il y a eu un chef de service qui a voulu organiser des repas avec les employés mais il s'est vite retrouvé tout seul, ça n'intéressait pas les gens.

Ici, c'est très découpé entre les cadres et les autres, il n'y a jamais de mélange. Certains cadres sont d'un abord sympathique, mais d'autres, attention !

Au niveau production, l'encadrement est sur le terrain, mais l'ancien encadrement avait davantage de rapports de communication que les jeunes d'aujourd'hui. On ne sent plus les jeunes prendre des initiatives, ils attendent que l'ordre vienne d'en haut. Ils aident les gens à résoudre les problèmes techniques, mais ils communiquent peu.

Il en résulte parfois que les salariés ont le sentiment que leurs chefs ne savent pas bien ce qu'ils font, qu'ils ne connaissent pas le métier ou qu'ils viennent d'un autre monde (dont témoigne alors leur aspect vestimentaire).

Certains responsables ne savent pas bien ce qu'on fait.

L'encadrement issu de la promotion interne laisse place à des cadres venus de l'extérieur qui sortent de leur école et qui ne connaissent pas le métier. Ils fuient le comptoir parce qu'ils ne connaissent pas le boulot.

Le chef d'équipe est toujours avec nous sur le terrain. Dans certaines subdivisions, ils ont des chefs d'équipe qui sont toute la journée derrière leur micro et on ne sait plus qui est-ce qui commande. On voit arriver des chefs d'équipe qui sont endimanchés, on se demande qui c'est.

Dans certains cas, cette distance entre d'une part les employés ou les ouvriers, et d'autre part la hiérarchie, se traduit par une véritable peur, qui contribue probablement à expliquer les accusations de « harcèlement » qui s'expriment ici et là dans les entreprises ; en attestent les témoignages suivants.

Il y a une peur de la hiérarchie.

J'ai eu une responsable qui était toujours derrière mon dos, c'était une pression au quotidien. Elle a des problèmes relationnels avec tout le monde. Elle me faisait pleurer tous les jours et j'ai été en arrêt maladie pendant plusieurs mois. C'est elle qui a provoqué les réactions du syndicat. Le directeur n'a pas conscience de ce qui se passe sur le terrain, des mots qu'elle emploie. Il y a peu de personnes à se plaindre auprès de lui, donc il ne s'en rend pas compte. Les gens ont peur, il faudrait qu'on puisse lui dire nous-mêmes ce qui ne va pas et on aurait beaucoup de choses à lui dire.

Les difficultés de l'encadrement

L'image que les managers donnent d'eux-mêmes, en réponse aux attentes des salariés à leur égard, renvoie évidemment aux difficultés qu'ils éprouvent dans l'exercice de leurs responsabilités. Certaines sont exprimées par les encadrants eux-mêmes, mais il arrive que leurs collaborateurs en soient, de leur côté, bien conscients. Les difficultés les plus fréquemment exprimées sont ainsi les suivantes :

- l'exercice de l'autorité ;
- les difficultés à manager les employés en raison d'un manque de formation en ce sens ;
- l'absence de pouvoir de décision par rapport à ce qui vient « d'en haut » ;
- la lourdeur des tâches administratives.

Une question de styles d'autorité

Qu'ils soient ouvriers ou employés, les jeunes supportent parfois assez mal les méthodes de supérieurs hiérarchiques plus anciens et dont les méthodes de management n'ont pas évolué. La cause réside dans un exercice de l'autorité consistant à « ordonner, contrôler et sanctionner » alors que l'on attend aujourd'hui du chef qu'il écoute, qu'il coordonne l'action et qu'il aide ses collaborateurs à réussir et à progresser.

Certains en sont restés aux anciennes méthodes.

Les chefs, il y en a qui sont chefs depuis l'origine du centre. Ils n'ont pas eu de formation, d'évolution et ils sont toujours à leur poste, tant mieux pour eux. Ils donnent des ordres et puis c'est tout.

À cette accusation, un agent de maîtrise réplique lui-même de la façon suivante :

Les anciens sont partis, c'est une usine de jeunes. Les relations entre les anciens et les jeunes ont changé. Nous, les anciens, on a moins d'impact sur les jeunes. On ne se fait pas respecter. Beaucoup de jeunes ont voulu se retrouver autonomes, sans chefs. Ils ont la compétence, mais ils s'en foutent un peu, il n'y a personne derrière pour les surveiller. Il faudrait plus de présence des chefs d'équipe. Il y a du laisser-aller.

L'absence de formation au management

Dans nombre d'entreprises, on se contente encore de promouvoir de bons techniciens en espérant qu'ils feront de bons managers et en négligeant de leur donner la formation qui leur serait nécessaire pour progresser en ce sens, d'où les propos désabusés qui suivent :

On a nommé responsables de bons bourrins, mais qui sont incapables.

Les cadres sont très compétents, mais des nullités finies en matière de management : favoritisme, jugements à l'emporte-pièce. Que ce soit des anciens montés à la force du jarret ou des jeunes issus des grandes écoles, ils n'ont pas eu de formation au management.

L'entreprise a généré des experts plus que des managers.

Les cadres, ici, ce sont d'excellents techniciens, mais de mauvais managers car ils n'ont pas la formation nécessaire.

Beaucoup ont monté, mais ne savent pas manager, ils sont restés à leur métier. Il y a eu récemment trois dépressions chez des chefs de service qui n'ont pas appris à manager.

L'absence de pouvoir de décision

Si les salariés se plaignent souvent d'une absence de délégation qui les prive de toute possibilité d'initiative, ils savent qu'il en va de même pour leur supérieur hiérarchique et que celui-ci n'est qu'un intermédiaire chargé de la mise en œuvre de décisions ou de l'application de procédures adoptées « plus haut ». Il n'a lui-même que peu d'information sur les tenants et aboutissants des directives dont il lui faut assurer l'exécution et se retrouve, de ce point de vue, au même niveau que ses collaborateurs – qui le savent bien.

Je suis dans un service où le dialogue est très facile avec mon chef direct mais il n'en sait pas plus que moi. Eux aussi, ils sont dans l'incertitude.

Je pense que le contremaître a lâché de l'autorité. On le cantonne dans un rôle d'organisateur. Il faut qu'il choisisse entre la technique et les objectifs de production. Ils ne sont pas tournés vers la gestion des hommes et l'entreprise non plus d'ailleurs. Nous sommes orientés vers les coûts et la rentabilité. Je n'ai aucune directive pour gérer les hommes en priorité. Au contraire, les temps de production ont pris plus de place qu'auparavant.

Les responsables de département ou de service ont de moins en moins de moyens pour réaliser leurs résultats, ce qui crée un énorme stress. Le *middle management* « s'en prend plein la gueule » : il est coincé entre les pressions d'en haut et la grogne d'en bas, avec tous les effets secondaires.

Il n'y a rien à critiquer au niveau du chef, il reçoit des ordres. Les problèmes, ils viennent d'en haut.

La lourdeur des tâches administratives

De nombreux agents de maîtrise, enfin, se plaignent de la lourdeur croissante des tâches administratives qui leur sont confiées et qui les empêchent d'être aussi disponibles qu'ils le souhaiteraient vis-à-vis de leurs collaborateurs. Ces tâches s'expliquent par l'obligation de respecter des procédures correspondant à l'exigence de normes de plus en plus strictes et par des règles de *reporting* de plus en plus contraignantes, bien que leur utilité véritable ne soit pas nécessairement évidente aux yeux des intéressés.

> La maîtrise a trop de travail de gestion. Ils sont tenus par des tâches impératives dans le fonctionnement au quotidien qui les bloquent derrière leur ordinateur.

> Les responsables sont derrière leur écran, dans leur bureau. Leur travail est devenu très administratif : ce ne sont plus des vendeurs mais des gestionnaires. Aujourd'hui, ils remplissent des tableaux. J'en connais un qui a demandé à redevenir vendeur.

> Les responsables sont très souvent appelés par des tâches multiples qui ne sont pas de leur ressort, comme remplacer un employé absent. Ils n'ont pas le temps d'anticiper et agissent dans l'urgence.

Chapitre 4

Les entretiens périodiques : de la théorie à la pratique

Les entretiens périodiques (généralement annuels) font partie, sous différentes appellations, de la panoplie des méthodes de management que s'efforcent de mettre en place les entreprises. Il s'agit de faire en sorte que les salariés, au moins une fois par an, puissent s'exprimer auprès de leur supérieur hiérarchique sur ce qui va et ce qui ne va pas à leurs yeux, les résultats obtenus dans leur travail, leurs progrès en termes de compétences, les formations dont ils souhaiteraient bénéficier et leurs *desiderata* en termes d'évolution de carrière. Pour le supérieur hiérarchique, l'entretien annuel est l'occasion de faire le point sur la qualité de la prestation fournie par l'intéressé et de s'accorder avec lui sur les objectifs pour la période à venir. Dans certains cas, l'entretien est également l'occasion d'évoquer les problèmes de rémunération – prime individuelle ou augmentation de salaire.

Les enquêtes de climat social montrent que les salariés expriment fréquemment leur satisfaction quant à cette opportunité qui leur est donnée de s'exprimer, de faire le point et de parler de leur avenir. Encore faut-il que le dispositif, tel qu'il a été conçu par la direction générale, soit mis en œuvre avec diligence et intelligence. Or, ce n'est pas toujours le cas, loin s'en faut. Et les critiques exprimées par les salariés sont, de ce point de vue, du plus grand intérêt. La réalité sur le terrain n'est pas conforme à l'idée que s'en fait la direction et, moins encore, à ce qu'étaient ses intentions.

Les difficultés de mise en place du dispositif

Dans certaines entreprises, la mise en place d'entretiens annuels représente une innovation par rapport à des formes de management plus traditionnelles. Dans les petites entreprises, notamment, les entretiens ont lieu naturellement, sans qu'il soit nécessaire d'instituer une procédure afin de les rendre obligatoires. Le dispositif risque alors de se heurter au poids des habitudes, aux réticences, sinon à l'opposition des agents de maîtrise qui auront à pratiquer les entretiens. Il peut également arriver que ces entretiens suscitent l'hostilité ouverte de tel ou tel syndicat.

Les résistances au changement

La mise en place d'un dispositif d'entretiens d'appréciation se heurte à un certain nombre d'obstacles. En effet, il peut être perçu comme une forme d'individualisation, opposée à une gestion mettant plutôt l'accent sur le collectif. Il peut également susciter des réactions de crainte à l'idée d'être ainsi « jugé » chaque année par le supérieur hiérarchique, et celui-ci peut lui-même se sentir mal à l'aise à la perspective d'un tel face-à-face.

Les entretiens, ça a été dur à faire admettre, mais c'est passé. Il y a eu des réticences.

Les entretiens annuels, ça s'est fait une seule fois, ce n'est pas entré dans les habitudes.

44

Les contacts entre les agents et la direction sont possibles mais certains agents souhaitent encore que l'entretien individuel se fasse en présence du délégué.

Les réunions d'évaluation, quand on a commencé, les gens avaient peur, mais les responsables aussi. Très vite, ils en ont saisi l'utilité, les gens viennent beaucoup plus détendus, ils ont compris que c'était l'occasion de s'exprimer sur leur situation personnelle. Ça a succédé à une réunion annuelle sur ce qui va et qui ne va pas qui consistait à faire dire par l'équipe ce que le responsable ne voulait pas dire. Mais le blocage de départ, pour les entretiens individuels, était la culture de l'entreprise, selon laquelle on se met autour de la table pour discuter.

L'hostilité ou les réticences de certains agents de maîtrise

Le fonctionnement du dispositif repose sur le comportement des agents de maîtrise chargés de procéder aux entretiens. Or, la réticence de certains d'entre eux est manifeste. L'argument le plus volontiers mis en avant est le « manque de temps », autrement dit, l'existence, pour l'intéressé et ses propres supérieurs hiérarchiques, de tâches plus urgentes. Mais cet argument dissimule fréquemment une opposition inavouée à une technique perçue comme artificielle et inutile. Il en résulte que la régularité des entretiens, pour les salariés, est alors fonction du comportement personnel des agents de maîtrise qui se succèdent à un même poste.

L'entretien annuel, non, ce n'est pas fait. Beaucoup de personnes dans l'entrepôt disent qu'il n'y a pas d'entretien annuel. C'est une question de temps, l'agent de maîtrise n'a pas le temps de les faire.

L'entretien d'évaluation est fait normalement une fois par an par le responsable de secteur, mais certains responsables n'en voient pas l'intérêt et estiment qu'ils sont suffisamment proche des gens.

Les entretiens individuels, pour les encadrants, ça n'apporte rien. Pour les salariées non plus d'ailleurs, elles nous racontent leurs problèmes, « blablatent » sur les copines. Il faudrait recentrer les entretiens sur le travail. On n'est pas d'accord avec la DRH sur les entretiens. Tous les ans, c'est trop fréquent et c'est une contrainte pour nous de les faire.

L'entretien annuel est une période un peu dure pour les responsables. Pour certains, il n'y a pas grand chose à dire, ils font leur boulot et c'est tout. Certains indices 200 ne veulent pas évoluer, c'est mal vécu des deux côtés.

C'est plus utile pour les nouveaux, mais on n'attend pas forcément l'entretien pour leur dire ce qu'on a à leur dire.

L'hostilité des syndicats

Dans certaines entreprises jusqu'alors organisées d'une façon très traditionnelle et dans lesquelles les syndicats bénéficiaient d'un pouvoir exorbitant, il arrive que la mise en place d'un dispositif d'entretiens annuels soit interprétée par ceux-ci comme une perte de pouvoir face à un directeur qui prétendrait ainsi « mettre la pression » sur chacun des salariés. L'individualisation l'emporterait sur la nécessité de maintenir une gestion collective du personnel.

La CGT a d'abord refusé les entretiens individuels annuels. Ensuite, elle les a acceptés mais avec la présence d'un DS. Aujourd'hui, il ne reste plus qu'une vingtaine d'agents à exiger la présence du délégué.

Les critiques portant sur la fréquence des entretiens

Une première série de critiques porte sur la périodicité des entretiens : trop irréguliers, trop fréquents, trop espacés ou encore réservés à certaines catégories de salariés seulement. Ces critiques se justifient notamment par les difficultés suivantes :

- une mise en place difficile, s'expliquant par des résistances personnelles venant de l'encadrement chargé des entretiens, ou progressive, s'appliquant dans un premier temps à l'encadrement lui-même ;
- un dispositif prévoyant un rythme unique (entretien annuel) inadapté aux besoins ou aux attentes de certaines catégories de personnel (selon qu'il s'agit de jeunes ou d'anciens, qu'ils sont évolutifs ou stables…).

Les entretiens trop irréguliers

Certaines personnes se plaignent de l'irrégularité des entretiens, qui peut s'expliquer par :

- le *turn over* parmi les chefs, qui ne leur permettrait pas d'organiser les entretiens selon une périodicité stable ;
- un surcroît de travail qui conduirait les chefs à retarder les entretiens au point qu'ils n'ont finalement pas lieu ;
- l'absence de motivation des chefs, les entretiens étant à leurs yeux inutiles ;
- une tendance au relâchement, ressenti comme tel, dans la mise en œuvre de la politique sociale de l'entreprise.

Je n'ai pas eu mon entretien annuel l'an dernier. On a reculé, reculé, puis ça a été les vacances et c'est tombé à l'eau. Ce serait utile de le faire plus souvent, j'en ai eu trois en 5 ans, dont un qui a porté ses fruits.

Les entretiens, ça traîne. Théoriquement, on les fait fin février, mais on ne les a pas encore faits.

Les entretiens, on n'en avait pas eu depuis 2 ans. On aurait bien aimé la voir pour lui dire ce qui ne va pas, peut-être qu'elle reprendra les entretiens.

L'entretien annuel, l'an dernier je n'en ai pas eu. Cette année c'est repoussé. L'entretien n'a pas lieu dans les deux sens : on nous dit ce qu'il faut améliorer mais il faudrait que ce soit réciproque, les souhaits ne sont pas pris en considération.

Des entretiens annuels, on en a eus, mais pas l'année dernière, je ne sais pas pourquoi. On pense que c'est fait pour les augmentations de salaires. Il paraît que cette année, il y en aurait une.

Les entretiens annuels ne se font pas. Les anciens qui sont de la même génération que le responsable n'en éprouvent pas le besoin et pour lui, c'est inutile. Il n'a pas vu que le service avait évolué avec l'arrivée des jeunes.

Les entretiens d'appréciation, avant ça se faisait mais c'est toujours la même chose, les gens sont hostiles. Depuis 2 ans, je n'en ai pas eus.

Les entretiens trop espacés

Certaines personnes, employés ou membres de l'encadrement, estiment que le rythme annuel des entretiens n'est pas satisfaisant et qu'ils devraient avoir lieu plus fréquemment. En effet, certaines personnes – notamment les jeunes et les nouveaux arrivants – ont besoin de faire le point sur leur travail et d'être éventuellement « recadrés » plus fréquemment. Par ailleurs, le processus de mémorisation conduit à ce que l'appréciation porte sur les derniers mois, ce qui tend à faire oublier les résultats obtenus au cours des mois précédents.

> Cette année, je n'ai pas eu d'entretien individuel, je ne sais pas pourquoi. C'est peut-être utile, mais c'est mal fait, ça n'est pas suivi. On nous donne des objectifs, mais on n'en parle pas pendant l'année. Il ne faudrait pas attendre la fin de l'année pour dire à quelqu'un qu'il s'est trompé. Il faudrait également avoir la possibilité de remettre en cause le responsable.

> Les entretiens annuels se font, mais il vaudrait mieux en faire deux fois par an : ça permet de faire un bilan de ce que l'entreprise attend de nous et sur ce qu'on attend d'elle.

> Le système d'évaluation une fois par an, c'est bien, mais c'est insuffisant, il y a des gens qui ont besoin d'être plus cadrés.

> L'entretien annuel est quelque chose d'important. La seule chose qui me gène, ce sont les objectifs, on ne peut pas les fixer sur un an, le trimestre serait plus adapté. La perversité du système, c'est qu'on se fie aux résultats des trois derniers mois pour juger les gens. Pire, certains responsables ne donnent pas d'objectifs. On se contente alors de faire un bilan d'activité. Il ne faudrait peut-être pas un entretien trimestriel, mais au moins semestriel.

Les entretiens trop fréquents

Inversement, certaines personnes estiment qu'un rythme annuel n'est pas utile pour certains anciens, installés dans une position stable. Ainsi, l'entretien se réduit alors à une sorte de « RAS ».

> Les entretiens annuels, un tous les ans, c'est trop pour les personnes qui sont là depuis plusieurs années, c'est toujours la même chose.

> J'en fais tous les 2 ans, tous les ans, c'est trop rapproché, mais il y a des agents qui demandent à être reçus tous les ans.

Les entretiens excluant certaines catégories de personnel

Dans certaines entreprises, le dispositif limite les entretiens au seul personnel d'encadrement, l'intention étant de les étendre ensuite à l'ensemble du personnel. En revanche, il peut arriver que les entretiens ne se fassent pas dans certains services par suite de résistances à la politique souhaitée par la direction des ressources humaines. Ceux qui sont exclus du dispositif manifestent alors parfois leur regret de ne pouvoir ainsi s'exprimer.

> L'entretien annuel, ça ne se fait pas partout.
>
> Les entretiens annuels d'évaluation ont été mis en place pour les cadres. Ça commence à se mettre en place pour les agents de maîtrise mais il n'y a ni formulaire ni objectifs précis, et rien pour les opérateurs.
>
> Je crois que les chefs d'équipe reçoivent les ouvriers assez régulièrement, mais je n'en sais pas beaucoup plus.
>
> Il y avait jusqu'ici des entretiens annuels uniquement pour les employés et les agents de maîtrise, mais on ne faisait rien pour les ouvriers. J'ai demandé aux agents de maîtrise de le faire aussi pour les ouvriers, mais ils ont traîné la patte. Je fais maintenant des réunions afin d'impliquer la maîtrise dans les décisions d'appréciation de façon à ce qu'ils n'aillent plus dire : « C'est la direction qui a décidé ». Le principe, c'était que « tout le monde est bon ». Aujourd'hui, je vois ceux dont l'appréciation n'est pas bonne. Les syndicats ne s'y sont pas opposés, et l'un d'entre eux était même demandeur.
>
> Il faudrait des entretiens individuels à tous les niveaux avec chaque personne des services. Le chef de service doit apprendre à connaître le personnel, ce que la personne aimerait faire, le poste qui serait le plus adapté pour elle. Il y a des entretiens individuels seulement avec les cadres. Je n'ai personne en face de moi qui soit réceptif et qui ait un franc parler.

Les entretiens mal conduits ou inutiles

Indépendamment du rythme des entretiens, le dispositif fait souvent l'objet de critiques sur la façon dont ils se déroulent et sur leur réelle utilité. Certains dirigeants expriment ainsi leur inquiétude quant à la mise en œuvre du dispositif. Quant à l'employé, il observe que l'entretien, selon les agents de maîtrise, peut être bien ou mal conduit.

> Quantitativement, ils sont faits, qualitativement, je ne sais pas.
> L'entretien annuel, c'est bien, mais ça dépend avec qui c'est fait.

Les entretiens qui ne servent à rien ou qui présentent un caractère répétitif

On observera d'abord que la durée des entretiens d'évaluation est très variable d'une entreprise à l'autre : 15 minutes, voire moins dans certains cas, contre 2 heures, quelquefois plus, ailleurs.

> Les entretiens annuels sont relativement rapides (15 minutes) pour moi parce qu'au niveau de mon travail je suis très consciencieux, il n'y a pas grand chose à dire.
> Certains employés n'ont pas d'entretien, moi, c'est 30 ou 45 minutes, ça dépend des personnes. C'est utile, ça permet de mettre les choses au point, mais il y a une crainte de parler librement. Si c'est pour être mal vu...
> Les entretiens annuels, on parle de tout et de rien. C'est long et fastidieux. Ça dure 1 à 2 heures. On parle des problèmes de l'usine, de l'évolution de la personne.

Cette observation étant faite, les critiques – parfois formulées sur un ton désabusé, parfois avec colère – portent essentiellement sur les points suivants :

– les entretiens présentent un caractère répétitif, presque routinier ;

– ils représentent du temps perdu ;

– ils ne débouchent sur rien et ne sont donc pas très utiles ;

– ils ne permettent pas d'aborder la seule question qui vaille, celle qui porte sur les salaires.

> La rencontre annuelle n'est pas franchement utile, c'est un peu toujours la même chose et ça ne fait rien avancer.
> L'entretien annuel est utile pour les gens qui veulent évoluer, sinon, c'est toujours la même chose.
> Les entretiens annuels portent sur l'activité passée, beaucoup moins sur l'avenir.

Les entretiens d'évaluation, on sait à l'avance ce qu'on va nous dire.

L'entretien annuel, ça permet de mieux voir notre avenir, mais après, c'est moins utile. Les anciens disent que « c'est du blabla ». C'est utile pour avoir une formation, mais on ne l'a pas forcément derrière.

Les réunions annuelles d'évaluation, pour moi ça ne veut plus rien dire, je ne les sens plus comme quelque chose de fiable. On vous dit toujours la même chose, on le sait, et ça ne répond pas à nos attentes. Ce qu'on attend porte essentiellement sur les salaires, et là, ça patine.

Il y a des entretiens trimestriels, mais l'animateur est toujours débordé. On en fait au moins un dans l'année : productivité, qualité, comportement. Ce n'est pas utile si on n'a rien à dire et que tout se passe bien. Je n'ai pas grand chose à dire. On me donnerait mes résultats sur un papier, ce serait la même chose.

À l'entretien d'évaluation, on demande leurs objectifs aux agents, mais un agent, il n'a pas d'objectifs et il fait ce qu'on lui dit de faire. C'est un peu compliqué leur truc et ce n'est pas très utile. Les gens le font parce que c'est obligatoire. Les agents, ce qui les intéresse, c'est la note, pas l'évaluation.

L'existence d'autres possibilités de dialogue

Les entretiens d'évaluation sont évidemment appréciés là où ils représentent pour le salarié une occasion privilégiée – sinon l'unique – de s'entretenir avec le supérieur hiérarchique et de lui parler de ses préoccupations personnelles. En revanche, dans les entreprises où ces possibilités sont plus fluides, les entretiens apparaissent vite comme une formalité administrative qui n'est pas vraiment nécessaire.

L'entretien annuel d'évaluation est utile, mais on se voit toute l'année et s'il y a un problème, on n'attend pas un an pour le dire.

Les entretiens annuels, ce serait peu utile à partir du moment où, si on a quelque chose à demander au chef, on peut le faire.

L'excès de formalisme

Lorsque l'intérêt des entretiens d'appréciation ne va pas de soi, le dispositif est volontiers décrié à cause de son formalisme. Dans ces conditions, il apparaît alors comme une obligation, une formalité sans réelle utilité.

L'utilité de l'entretien, c'est surtout une obligation de la loi.

Les entretiens annuels se font difficilement, c'est essentiellement dans le cadre d'un changement de poste, parce que ça a un caractère obligatoire.

La rencontre annuelle est une contrainte formaliste, elle a très mauvaise réputation auprès des techniciens, c'est devenu une stupidité imposée par la direction.

L'entretien d'évolution est artificiel. On remplit un beau carnet, mais on ne voit pas à quoi ça sert. Concrètement, ça ne mène à rien, qu'on le fasse ou qu'on ne le fasse pas, c'est pareil.

Les entretiens annuels d'appréciation sont très formalisés, c'est une lecture de ce qui a été écrit à l'avance mais il y a tout de même un droit de réponse que les gens utilisent.

Les entretiens annuels, ça se fait en 30 minutes. On remplit un dossier pour le siège, mais c'est bien, ça permet quand même de discuter.

Lorsque la direction a prévu un support (grille à remplir et à remettre à la DRH), elle fait parfois l'objet de critiques dans la mesure où ce support apparaît comme étant trop compliqué, rébarbatif aux yeux de personnes habituées à s'exprimer oralement, ou ne correspondant pas exactement aux préoccupations particulières de ceux et celles à qui il s'adresse.

En ce qui concerne les entretiens annuels d'évaluation, sur le contenu, je ne suis pas convaincu par le support.

L'entretien s'est toujours fait, ça dure 1 heure ou 1h30. Ça peut être utile mais la nouvelle grille d'évaluation, à la limite, est trop compliquée, il faudrait la simplifier.

L'entretien annuel n'est pas individuel, c'est une feuille qui a été faite pour l'étage, sur la façon de travailler et de se comporter. Il est précédé d'un questionnaire très général, c'est peu utile. Il faudrait parler de ce qui ne va pas quand ça se passe.

Les entretiens annuels, c'est utile, mais très formel. Je sais en permanence ce que mon responsable attend de moi et ce que j'attends de lui. Le questionnaire d'évaluation est particulièrement rébarbatif : les questions sont posées bizarrement et c'est difficile d'y répondre, ce n'est pas très utile.

Les entretiens bâclés et l'absence de véritable dialogue

Les entretiens sont appréciés quand ils permettent un véritable échange avec le supérieur hiérarchique et que celui-ci manifeste à cette occasion son intérêt pour la problématique personnelle de son collaborateur. Cela suppose donc une véritable écoute de la part de la personne menant l'entretien. Par ailleurs, doit-elle s'exprimer franchement sur ce qu'elle pense de son collaborateur ? Ce n'est pas toujours le cas : certains supérieurs hiérarchiques se contentent d'aborder des problèmes impersonnels d'organisation du travail ou en profitent pour « régler leurs comptes » avec leur collaborateur. Il arrive même qu'ils manifestent ouvertement leur manque d'intérêt pour ce que leur collaborateur aurait à leur dire.

On ne sait pas ce qu'on pense réellement de nous.

Les entretiens annuels d'évaluation ne sont pas trop utiles. Je n'ai pas eu de réponse à mon inquiétude d'évolution dans l'entreprise, il y a un manque d'écoute.

Les entretiens annuels ne sont pas toujours bien faits, ils prennent la forme d'une mise en accusation. Il faut que l'entretien soit satisfaisant au niveau humain.

La seule fois que le chef d'équipe m'a convoqué, ça a été pour parler de l'organisation du travail, mais ce n'était pas lié à moi.

Les entretiens annuels d'évaluation, ça se fait, mais tout le monde s'en fout. C'est du pipeau, les gens en ressortent fous furieux.

Les entretiens annuels, il n'y en a pas. Mon chef de service me donne la feuille et me dit : « Tu remplis et tu signes ». Ce n'est pas normal. Je lui ai signalé et il m'a répondu : « Je m'en fous ». Ici, je n'ai jamais entendu dire « Merci » ou « Vous avez bien travaillé ». L'enveloppe, ce n'est pas ça qui fait avancer. Si je demande, la réponse est : « c'est comme ça ». La formation, c'est la même chose.

Les entretiens avec un supérieur hiérarchique qui ne sait pas exactement ce que vous faites

D'une façon surprenante, il peut arriver que l'entretien d'appréciation soit mené par un agent de maîtrise qui n'est pas exactement au courant de l'activité du collaborateur. Ce cas de figure peut se produire lorsqu'il lui faut encadrer une équipe nombreuse, assisté par des adjoints (quelle que soit leur dénomination) qui, dans les faits, jouent le rôle de véritables supérieurs hiérarchiques aux yeux des employés ou des ouvriers.

> Quand j'étais chef d'équipe, j'étais frustré parce que c'était le manager qui faisait l'entretien. Je n'avais pas mon mot à dire et le technicien n'était pas jugé d'après son travail sur le terrain.
>
> À l'entretien annuel, on m'a dit de faire des stages pour avoir les points qui me manquaient. Avant, le contremaître, il savait comment on travaillait, maintenant, il ne nous voit plus. En général, il a déjà commencé à taper ses réponses à l'ordinateur et il me demande ensuite ce que j'en pense. Il doit se renseigner auprès du chef d'équipe, il ne sait même pas sur quelle machine je travaille.
>
> L'entretien, c'est bien et ce n'est pas bien. La deuxième page, c'est sur la polyvalence. Le problème, c'est que le contremaître ne connaît pas tous les postes et qu'il peut difficilement nous juger là-dessus, c'est du papier pour du papier. Pour eux aussi ce n'est pas évident car si on ment un peu, ils peuvent ne pas s'en apercevoir. Certains opérateurs sont satisfaits et d'autres se demandent comment ils ont été jugés, ils ne savent pas sur quels critères. Par exemple, la connaissance de Word ou d'Excel pour des gens qui ne s'en servent pas au boulot.

Les entretiens qui ne débouchent sur rien

Aux yeux de certains salariés, les entretiens – tels qu'ils sont pratiqués là où ils travaillent – sont inutiles dans la mesure où quelle que soit leur demande, ils ne débouchent sur rien, que ce soit en termes de rémunération, de formation ou d'évolution professionnelle. Ils se réduisent donc à une conversation qui peut certes être sympathique mais ne sert à rien.

Dans tel service public, on aboutit ainsi à une situation paradoxale : les entretiens sont réalisés avec ponctualité et beaucoup de conscience professionnelle, mais ils sont également jugés parfaitement inutiles par rapport aux sujets de préoccupation des uns et des autres.

Les entretiens annuels d'évaluation, ça se fait. Je ne suis pas contre mais on ne tient pas compte de ce qu'on dit.

La notation, il paraît qu'il faut un entretien d'une heure pour ça, sachant qu'à la fin ça ne change rien. Avant, il n'y avait pas d'entretien et ça n'était pas plus mal. Avec le patron que j'ai, il n'y a pas de problème, on a parlé pendant une heure d'autre chose. L'entretien, c'est fait pour ceux qui n'arrivent pas à voir leur chef, il paraît qu'il y en a.

L'entretien d'évaluation est un échange assez libre, qui est joint à la notation depuis cette année. Il dure 1h30. L'entretien est utile, la notation, non. C'est infantilisant et si tout le monde finit par avoir la même chose, ce n'est pas motivant. Ce qu'on peut gagner pour chaque année ne change pas grand-chose.

Les entretiens réduits à une discussion sur le salaire

Ce sentiment d'inutilité peut résulter d'une confusion dans la mesure où l'entretien annuel, dans certaines entreprises, apparaît comme le préalable ou l'occasion d'annoncer une éventuelle augmentation de salaire ou une prime individuelle au mérite.

Cette confusion peut déboucher sur une dérive complète du dispositif, l'entretien se réduisant alors, aux yeux du salarié, à l'annonce d'une mesure salariale ou à une discussion en vue de l'obtenir. C'est pourquoi, certaines entreprises prennent soin de dissocier totalement entretien annuel et annonce d'une mesure salariale individualisée. Ceci conduit alors à un autre reproche de la part des salariés : « L'entretien ne permet pas d'aborder ce qui nous intéresse », et donc, il ne sert à rien.

L'entretien annuel, il y a un questionnaire. On coche et le responsable donne son sentiment pour la prime.

Il n'y a pas d'entretien individuel avec la hiérarchie, seulement une lettre individuelle indiquant « Votre salaire brut sera de .... ». En général, les gens essayent d'en discuter, ils vont voir leur responsable. On peut discuter assez librement avec le responsable. Il n'y a pas de réunion d'évaluation.

L'entretien annuel, c'est un constat d'augmentation de salaire ou pas. L'augmentation a déjà été décidée, ça dure de 15 à 30 minutes.

L'entretien annuel dure 2 heures ou 2h30, mais pourrait être fait en 30 minutes. Il y a certains sujets qu'on pourrait se dispenser d'aborder. On en profite pour demander une augmentation, mais la réponse montre que la question ne les intéresse pas.

L'entretien annuel, c'est pour la prime. La responsable nous dit ce qui va bien ou ce qui ne va pas bien en vue de la prime : la tenue des rayons, l'esprit d'équipe… C'est le passage obligé pour avoir la prime. C'est plutôt utile car ça permet de se remettre en question sur de petits points.

Les entretiens d'évaluation, ça se passe bien, ça permet de voir les lacunes et d'y travailler. On essaye de parler salaire mais l'entretien d'évaluation est distinct de celui où on vous annonce si vous avez été augmenté, même si c'est très rapproché.

Que faire ?

Ces critiques de la part des salariés ne mettent pas en cause la pertinence des entretiens périodiques en tant que technique de management. En effet, nombre de témoignages – qui n'ont pas été reproduits ci-dessus – font état de la satisfaction des salariés, notamment des plus jeunes, pour lesquels le « tous ensemble » a laissé place au « moi je ». En revanche, elles mettent en évidence les conditions de réussite, entre autres les suivantes :

– un soutien de toute la chaîne hiérarchique afin d'éviter que les entretiens soient réalisés « quand on a le temps », ce qui est une manière d'afficher leur peu d'utilité aux yeux de la direction ;

– un cadrage de la finalité de l'entretien, qui ne doit en aucun cas se limiter à une discussion salariale ;

– une méthodologie suffisamment précise afin de cadrer le contenu de l'entretien et éviter qu'il ne se réduise à une simple conversation, laquelle doit néanmoins pouvoir être adaptée à la diversité des personnes et des situations ;

– une politique de développement des ressources humaines incluant la prise en compte des souhaits personnels de formation et d'évolution.

L'entreprise est progressivement passée de l'ère du « tout collectif » à celle du « tout individuel ». Le rôle de chacun est défini avec plus de précision dans une organisation devenue plus complexe (c'est ainsi qu'on parle de « poste clé ») et les salariés eux-mêmes souhaitent être considérés pour ce qu'ils sont en tant que personnes, avec les qualités et les projets qui leur sont propres.

Cette double exigence entre en contradiction avec les pratiques traditionnelles selon lesquelles les salariés étaient plus ou moins interchangeables, au moins dans le cadre de leur qualification (« un fraiseur P2, c'est un fraiseur P2 »). Cette prise en compte de la personne représente une nouveauté dans nombre d'entreprises qui se sont construites sur le modèle taylorien traditionnel et où le dialogue se limitait à la passation des consignes et aux affrontements entre la direction et les représentants du personnel.

Les entretiens d'évaluation représentent donc le vecteur d'un management fondé sur le « tout collectif » vers un management fondé sur une reconnaissance de la personne. C'est pourquoi ils bousculent les habitudes, suscitent de l'incompréhension et provoquent des résistances. Il y a donc parfois un gros décalage entre l'intention et la réelle mise en œuvre. Bien entendu, il n'y aurait aucun problème si le dialogue allait de soi. Mais s'il a fallu mettre en place une procédure, c'est que tel n'était pas le cas. Reste à veiller à ce que celle-ci soit effectivement appliquée et à éviter les dérives susceptibles d'en altérer la raison d'être. Cela suppose parfois beaucoup d'obstination de la part de la DRH.

Chapitre 5

Mesures salariales injustifiées : une méthode contre-productive

Les augmentations de salaires individualisées au mérite font partie de la panoplie obligatoire du management des entreprises. Elles sont supposées récompenser les efforts et les résultats, être réparties selon des critères aussi objectifs que possibles et être clairement expliquées à chacun. Leur but est de stimuler l'ardeur des salariés et de les motiver.

Un gros décalage existe néanmoins entre la théorie et la pratique. Les enquêtes de climat social montrent que les choses ne se passent pas toujours comme l'imaginent les théoriciens de la méthode et que, loin d'encourager les meilleurs, les augmentations de salaires suscitent fréquemment de violents mécontentements, au point parfois de constituer l'une des causes majeures de détérioration du climat social. Les différents points de vue recueillis auprès des salariés peuvent se répartir en trois catégories :

- Certaines personnes expliquent le bien-fondé des augmentations de salaire au mérite tout en soulignant les difficultés de mise en œuvre rencontrées. Ces propos sont généralement le fait de managers de proximité (chefs d'équipe, contremaîtres, chefs de rayon, *team leaders*…).

- Certaines personnes se disent satisfaites, le plus souvent du fait qu'elles ont personnellement bénéficié d'une ou plusieurs augmentations au mérite au cours des dernières années.

- D'autres, enfin, et sans doute les plus nombreuses, expriment au contraire leurs raisons d'être mécontentes, souvent parce qu'elles n'ont pas bénéficié d'augmentation ou qu'elles se sont vu attribuer une augmentation qu'elles ont jugée insuffisante compte tenu des mérites qu'elles s'attribuent. Les motifs qu'elles mettent en avant afin d'expliquer leur insatisfaction sont souvent très significatifs des dysfonctionnements présents au sein de leur entreprise.

Le point de vue de ceux qui y croient

Les agents de maîtrise, lorsqu'ils sont en charge de l'évaluation de leurs collaborateurs, croient à la pertinence de ce qui leur est demandé et s'efforcent – souvent très consciencieusement – de répartir avec équité le budget dont ils disposent. La plupart du temps, ils déclarent s'en expliquer avec les intéressés :

Pour les augmentations individuelles, on établit la liste en équipe. On répartit ensuite en fonction de l'enveloppe en réduisant la liste des bénéficiaires selon leur rang. On donne des explications à ceux qui n'ont rien eu depuis plus de 3 ans, à ceux qui ont quelque chose et à ceux qui le demandent.

Tous les mois, le service du personnel envoie un quota de promos et de primes. Les *team leaders* présentent des noms, on choisit parmi eux et je vérifie depuis quand ils n'ont pas été augmentés. Je les reçois pour leur dire pourquoi ils ont été augmentés. Les gens qui n'ont pas été augmentés, s'ils viennent me voir, je leur donne des explications. Depuis 3 ans, 99 % du personnel a eu une augmentation (sauf un opérateur LCR).

Nous proposons les augmentations individuelles à notre hiérarchie. Je suis assez sélectif car l'enveloppe est assez réduite. Je me fonde sur des critères objectifs et je n'ai jamais eu de réclamation.

Pour les augmentations individuelles, je suis très factuel : le chiffre d'affaires, les missions faites ou pas faites…, et j'explique pourquoi.

Dans ces conditions, les collaborateurs qui critiquent les décisions prises sont considérés comme étant de mauvaise foi.

Ceux qui râlent sur les augmentations individuelles sont ceux qui n'en ont pas eues parce qu'ils ne s'investissent pas dans leur travail.

Actuellement, ils attendent la feuille de paye de février et ensuite ils feront grève s'il n'y a pas d'augmentations individuelles. Tous les ans, c'est le même problème.

Une personne qui n'a rien eu, elle sait pourquoi même si elle prétend que c'est une injustice.

Il y aura toujours des personnes mécontentes. Les mécontents sont ceux qui n'ont rien eu, et ceux qui n'ont rien eu sont ceux qui ne méritaient rien, mais ils ne l'admettront jamais.

Malgré cela, les managers de proximité sont bien conscients des difficultés à mettre en œuvre le dispositif qu'ils sont chargés d'appliquer : enveloppe insuffisante, critères de choix trop imprécis et difficiles à expliquer, modifications intempestives de leurs décisions par la hiérarchie et absence de continuité dans le temps.

Les AI posent un problème car on donne notre sentiment sur les uns et sur les autres sans pouvoir le justifier auprès des gens. On a seulement un rôle consultatif.

Pour les AI, on établit un ordre de priorités et on fait part du projet aux gens mais à la fin, il n'y en a que la moitié qui ont une augmentation. Qu'est-ce qu'on va faire l'an prochain ? Qu'est-ce qu'on peut dire aux gens ?

Pour les salaires, on propose les gens au mérite mais ça ne marche pas toujours. Ce n'est pas toujours justifié. Il y a des insatisfaits qui ne méritent pas, mais qui se croient les meilleurs.

L'approbation des bénéficiaires

Les salariés affirmant le plus volontiers leur satisfaction quant aux augmentations individuelles sont évidemment ceux qui en ont bénéficié. Pour eux, il s'agit là d'une question d'équité : ceux qui ont le mieux travaillé doivent être récompensés par rapport à ceux qui se laissent vivre.

> Ils voient bien ceux qui travaillent et ceux qui se tournent les pouces. J'ai eu deux augmentations en 4 ans donc je ne me plains pas. Ceux qui se plaignent de ne pas avoir d'augmentation, c'est ceux qui ne veulent plus faire le boulot et qui disent que c'est aux jeunes de prendre la relève.

> Les augmentations individuelles me sont accordées par rapport au travail que j'ai fourni, mais au-delà de ça, il y a un problème de reconnaissance personnelle. L'effort est noyé dans la masse, l'augmentation est une forme de remerciement.

Dans ces conditions, les mécontents n'ont qu'à s'en prendre à eux-mêmes s'ils n'ont rien perçu.

> Les augmentations, tout le monde (mais je ne suis pas sûre) est appelé et apprend pourquoi il a été augmenté ou pas. « À la tête du client », c'est les mauvaises langues qui disent ça, ça « blablate ».

> Les entretiens sur les salaires, ça se fait, mais ce n'est pas systématique. Ceux qui n'ont rien savent pourquoi.

Certains bénéficiaires d'augmentations individuelles soulignent toutefois les limites du système :

- risques de jalousie entre bénéficiaires et non-bénéficiaires, et donc de zizanies au sein de l'équipe de travail ;
- difficulté à en faire passer le principe auprès de ceux pour lesquels les augmentations collectives semblaient aller de soi ;
- insuffisance du montant de l'enveloppe ;
- variation dans le temps des critères d'appréciation et du mode global de rémunération.

> Le salaire au mérite, c'est en fonction de la façon dont ça s'est passé dans l'année : absentéisme, rigueur, initiative. Les dirigeants voient très bien si vous

faites bien votre travail. Est-ce que c'est bon ? Oui et non, ceux qui n'ont rien eu, « ça la fout mal ».

Les augmentations individuelles, c'est intéressant : après l'effort, le réconfort. Il faut donner envie de continuer mais c'est difficile à appliquer aux anciens.

Pour les augmentations individuelles, le supérieur fait une demande et, en général, elle est suivie, même si ce n'est pas à la hauteur de ce qu'il avait demandé. Pourtant, il n'y a pas de contestation globale du système, sauf dans les tracts syndicaux.

Pour les AI, on voyait le N+1, et éventuellement le N+2, et on faisait des propositions. Ensuite, ils faisaient une répartition en fonction de l'enveloppe dont ils disposaient. Ça marchait pas mal mais je ne sais pas comment ça se fera à l'avenir.

Les différentes raisons de critiquer les augmentations individuelles

Le principe des augmentations individuelles fait ainsi l'objet de nombreuses critiques et comme l'on peut s'y attendre, celles-ci proviennent essentiellement (mais pas seulement) de ceux qui n'en ont pas bénéficié. S'il est difficile d'évaluer leur nombre par rapport à ceux qui se disent satisfaits, la nature de ces critiques, en revanche, mérite d'être examinée très attentivement dans la mesure où elle met en évidence un certain nombre d'insuffisances dans la mise en œuvre de la méthode.

La première critique, et sans doute la principale, est l'absence d'explication en ce qui concerne les critères sur lesquels la décision a été prise. Les personnes qui reçoivent une augmentation s'en félicitent mais ne songent pas nécessairement à demander ce qui la justifie ; quant à celles qui n'en ont pas, l'absence d'explication vient nourrir un discours critique à l'égard du management de l'entreprise. Dans l'une ou l'autre des situations, chacun se trouve dans l'incertitude en ce qui concerne les critères pris en compte pour l'attribution d'une augmentation individuelle.

Les mesures individuelles ne sont pas expliquées.

C'est la direction qui remet les enveloppes individuelles, mais elle ne donne pas d'explications.

Les AI, je suppose que c'est l'agent de maîtrise qui doit donner son avis mais je ne sais pas du tout comment ça se passe, sur quels critères. Celui qui a une AI, il reçoit en principe un courrier.

Pour les augmentations, le chef d'équipe fait une demande pour les opérateurs méritants, il n'y a pas de critères particuliers. À mon niveau, je ne peux pas vous répondre, peut-être qu'il y en a mais je n'en sais rien. Certains opérateurs ne comprennent pas pourquoi untel l'a eu et pas eux.

Les augmentations de salaires sont annoncées par courrier avec la fiche de paye et par le chef de service. On ne m'a pas dit précisément pourquoi j'en ai eu une, mais je l'ai pris comme une récompense de mon travail. Les gens n'en parlent pas trop entre eux.

Ils ont une opinion sur la personne, mais est-ce que c'est exactement sur sa façon de travailler, je ne sais pas. Certains collègues sont bloqués et les raisons qu'on leur donne sont toujours les mêmes.

Quand on a une augmentation, on est content et on ne demande pas pourquoi. Les enveloppes sont distribuées comme ça, on ne se demande plus pourquoi, on sait que c'est tous les 2 ans. Ce n'est pas fait pour motiver les gens qui travaillent.

Les augmentations annuelles, les filles qui ne sont pas appelées sont jalouses et on ne leur dit pas pourquoi. Parfois deux personnes travaillent ensemble : l'une a la prime, pas l'autre, ce n'est pas logique et ça pollue l'atmosphère.

Il y a des gens, en 15 ans, ils n'ont eu que 3 augmentations, on comprend qu'ils soient partis. Ils ont l'impression que les augmentations, ça va toujours aux mêmes. Normalement, on devrait appeler tout le monde et expliquer à chacun pourquoi il a une augmentation ou pourquoi il n'en a pas. Or dans certains services, le chef n'appelle que ceux qui ont une augmentation et ceux qui n'en ont pas n'ont pas d'explication, c'est ça qui n'est pas normal. Le mois de mars, ici, c'est terrible ! Si la personne n'a rien en mars, elle sait qu'elle n'aura rien pendant un an.

Cette absence d'information, notamment pour ceux qui n'ont rien touché, alimente le discours selon lequel les augmentations sont décidées « à la tête du client », ou qu'elles permettent au manager de « régler ses comptes ».

Ils ont leurs têtes.

Il y a des copinages.

Il y a les gens qu'ils aiment bien et les gens qu'ils n'aiment pas.

Les augmentations individuelles, c'est subjectif. Si le responsable a quelqu'un dans le nez, il peut le coincer facilement.

Pour les augmentations, il y a deux cas de figure : les promotions et les augmentations au mérite à un même coefficient. C'est le supérieur hiérarchique qui en fait la demande, c'est un peu à la tête du client et tout dépend de la relation entre l'ouvrier et son supérieur, ça ne tient pas toujours compte du travail fourni, c'est plutôt arrangé.

Ce qui se dit, ici, c'est que les augmentations annuelles, c'est à la tête du client. Les personnes augmentées, on leur explique, mais les personnes qui ne le sont pas, on ne leur dit pas pourquoi.

Les augmentations individuelles, depuis 2 ans, on n'en a pas eues. Au début, quand on est nouveau, on n'y a pas droit, c'est pour les anciens. Dans beaucoup de secteurs, c'est à la tête du client.

Les AI, c'est beaucoup à la tête du client. Il y a des gens qui ne s'investissent pas et qui sont augmentés tous les 2-3 ans et celui qui s'investit pour faire avancer les choses, il n'aura pas plus.

Les AI, c'est la hiérarchie qui décide, je ne sais pas sur quoi ils se basent. Je crois que c'est une fois tous les 3 ans. On a su l'an dernier qu'il y en a eu un qui a eu une augmentation pour le motiver parce qu'il ne « foutait rien », mais ceux qui bossent, on ne cherche pas à les motiver. Maintenant, c'est peut-être un bruit, mais c'est ce que j'ai entendu.

Par ailleurs, il peut arriver que les raisons mises en avant ne soient pas réellement celles qui ont motivé la décision : il y a « ce qui est officiel » et « ce qui est officieux ».

Le responsable de rayon doit répartir équitablement son enveloppe. La question est de savoir comment évolue le travail fourni. C'est bien sur le principe, mais ça se fait la plupart du temps à la tête de la personne : certains méritent l'augmentation et ne l'ont pas, d'autres l'obtiennent alors qu'ils ne la méritent pas du tout. Les décisions sont expliquées mais les raisons mises en avant ne sont pas forcément les bonnes. Globalement, ce n'est pas suffisamment explicite.

Il y en a qui travaillent super bien mais qui se mettent en arrêt souvent. Ils préfèrent donner l'augmentation à ceux qui ne sont jamais absents. C'est tout le problème des arrêts maladie : est-ce que ça doit être un critère pour ne pas augmenter quelqu'un ? Il faudrait davantage prendre en considération les certificats médicaux.

Il arrive que tout marche bien et puis arrivent les deux dernières semaines et patatras ! Le dernier jour, pas de prime. Les augmentations se font à la tête, on ne sait pas en fonction de quels critères : il y a l'officieux et l'officiel. Officiellement, c'est les retards, la conscience professionnelle, le travail en équipe, etc., mais officieusement, c'est à la tête.

Les augmentations individuelles, je ne sais pas trop comment ça se passe. Il y a un entretien avec le responsable puis, un entretien de retour et on nous dit pourquoi. Mais la réponse est parfois assez ridicule, c'est un peu à la tête du client et ce sont surtout les anciens qui ont l'enveloppe.

De plus, certaines décisions semblent parfaitement arbitraires ou suscitent la surprise :

Les augmentations individuelles, c'est la surprise.

L'an dernier, certains s'attendaient à avoir une augmentation et ne l'ont pas eue ; d'autres ne le pensaient pas et pourtant ils l'ont eue.

Ce sont ceux qui ne bossent pas qui ont les augmentations.

Les augmentations de salaire dont j'ai pu bénéficier n'ont aucune relation avec la réalité des choses.

En l'absence de critères objectifs et clairement admis, un sentiment de favoritisme peut s'installer. Il en résulte des zizanies qui contribuent à détériorer l'ambiance de travail (« Pourquoi l'un en a-t-il bénéficié et pas l'autre ? ») et des accusations de « fayotage » qui pourrissent l'atmosphère.

Il y a des années où j'ai super bien bossé, mais je n'ai pas eu d'augmentation. C'est à la tête du client, ça crée la zizanie.

On ne sait pas sur quelle base on est évalué, ça crée des jalousies. On en discute mais le moindre détail est analysé, amplifié et déformé… à la limite, il ne faut écouter personne. Ça provoque de l'individualisme et ne favorise pas le travail en équipe mais il paraît que dans les bureaux, c'est encore pire.

Les augmentations individuelles, c'est jugé aux têtes, pas au travail. Je n'ai jamais rien compris : pourquoi donner 15 € à l'une et pas à l'autre alors que le travail est le même ? Ça se fait au fayotage et ça crée une mauvaise ambiance.

Les augmentations individuelles, il vaut mieux ne pas dire ce qu'on a à dire. Si on sait qui a eu, ça fait des clans.

L'augmentation individuelle, c'est une horreur ! Il vient dans l'atelier et il commence à distribuer les enveloppes : il y a ceux qui reçoivent et les autres, ça crée entre eux un sentiment de malaise et ça pourrit la situation pendant plusieurs mois. Il n'y a aucune explication et on a l'impression que c'est à la tête du client : il y a des gens qui font leur maximum pour venir au travail même quand ils sont malades et qui n'ont rien, et d'autres qui sont toujours malades et qui touchent leur prime. Ceux qui n'ont rien ne posent pas de question, mais ils sont écœurés. Les critères de la direction, si elle en a, il faudrait qu'elle les dise. On a l'impression que c'est tabou et ça renforce les jalousies et le sentiment de mépris.

Il y a des querelles vieilles de 20 ans qui ont des conséquences sur l'évolution professionnelle de gens. Il y en a qui ont une rallonge tous les 5 ans bien qu'ils n'aient pas la conscience professionnelle mais parce qu'ils sont bien vus, et les autres, ils n'obtiennent jamais rien alors que ce n'est pas justifié. Il faut être un bon mouton, si vous êtes un peu rebelle, vous payez. Certains, qui n'obtiennent rien, on ne leur dit pas pourquoi. On n'ose pas leur dire que c'est parce qu'ils ont des « grandes gueules » et finalement, ça fait deux camps qui ne se parlent plus, et ça, ce n'est pas bon.

Le manager de proximité n'a pas toujours la possibilité de faire valoir ses choix, qui semblent alors avoir été décidés plus haut, par des personnes dont les critères d'appréciation ne sont pas connus ou qui sont soupçonnées de ne pas connaître les réalités du terrain.

Pour les augmentations, le contremaître émet une appréciation, mais ça passe au-dessus de lui. Je n'arrive pas à déterminer si c'est le travail qui détermine le changement de coefficient. Je suis parfois surpris, je ne sais pas si on peut en discuter mais je ne me « prends pas la tête » pour savoir pourquoi j'ai eu ou pas eu d'augmentation, ça dépend.

Les augmentations individuelles, on propose, ça remonte, c'est rarement contesté, mais en cas de modifications, on ne me donne pas d'explication. C'est souvent assez léger, on augmente les gens qui font leur travail par opposition à ceux qui ne le font pas. C'est peu contesté, mais il y a un côté saupoudrage.

L'enveloppe à distribuer, ça dépend de Paris. La répartition est faite ici, mais c'est difficile de dire en fonction de quels critères.

Les agents de maîtrise, l'an dernier, se sont réunis pour les AI, et c'est ensuite qu'on a découvert qu'il n'y avait pas l'enveloppe qui permettrait de récompenser ceux qui le méritaient. C'est dévalorisant pour l'encadrement. On aurait voulu le discréditer, on ne s'y serait pas pris autrement. Le comité de direction a fait directement une distribution d'AI en court-circuitant l'encadrement.

Le montant de l'enveloppe rend difficile le choix des gens qui auront une augmentation. Cette année, on a eu du mal à faire le classement, il y avait plein de gens méritants. Dans le passé, on a fait trop de social en donnant des coefficients à certains anciens qui ne le méritaient pas. On confirme son AI à celui qui en a une, mais on ne dit rien à celui qui n'en a pas. C'est difficile d'argumenter quand il le mérite mais que l'enveloppe ne le permet pas. Quand ils en ont une, on remet l'enveloppe aux personnes concernées qui, ensuite, le disent ou ne le disent pas, c'est un peu un sujet tabou. Certains qui n'ont rien eu font intervenir les syndicats, et quand ceux-ci interviennent la direction « baisse son froc ». L'agent de maîtrise, ensuite, a le sentiment qu'il n'a plus rien à faire et qu'il vaudrait mieux qu'il reste chez lui. C'est un gros souci, les gens aimeraient être récompensés pour leurs efforts. Le risque, c'est qu'ils se contentent de faire uniquement leur travail.

Certaines personnes pointent du doigt les dérives du système : augmentations individuelles à l'ancienneté ou destinées à payer la paix sociale.

Les augmentations individuelles se font plutôt à l'ancienneté.

Les augmentations individuelles, les critères ne sont pas clairs. Je ne comprends pas pourquoi un vendeur est augmenté simplement parce qu'il a 35 ans d'ancienneté.

On augmente les représentants du personnel et on prend sur l'enveloppe au détriment des gens qui bossent. On essaye de motiver les gens qui ne bossent pas et les gens qui bossent sont laissés pour compte, et ça, c'est intolérable.

La DRH donne certaines augmentations aux délégués pour maintenir la paix sociale. Il y a un historique : à l'époque de R..., la direction a été accusée de discrimination et les syndicats ont eu gain de cause. Ça a été très mal ressenti par tous ceux qui avaient une carrière due à leur travail et ça a contribué à décourager un peu plus ceux qui bossaient bien.

Le budget réservé aux augmentations individuelles est souvent considéré comme étant insuffisant pour récompenser convenablement ceux qui devraient l'être.

Il y a des gens qui mériteraient une augmentation mais pour des raisons budgétaires, on ne peut pas faire ce qu'on veut.

Quand on voit les sommes qui sont dépensées à droite et à gauche, on se dit qu'ils pourraient faire mieux pour les augmentations individuelles.

Les AI ne sont jamais très importantes, jamais plus de 30 €. Ce n'est pas encourageant pour le travail.

Les augmentations individuelles ne répondent pas aux attentes, c'est insuffisant. L'absence d'augmentations générales pendant 12 ans a été perçue comme du mépris.

Les AI, il n'y a pas d'explication. Il y a deux problèmes : le budget qui est insuffisant, et la gestion du service. On a l'impression qu'il n'y a pas ce qu'il faut pour récompenser les gens. On leur dit « C'est bien » et en fin de compte, il n'y a rien, il n'y a pas de retour pour les personnes. Certains en ont tous les ans et d'autres jamais.

Les AI, c'est une catastrophe ! Pour motiver une personne, on va lui donner 30 € ! En plus, on est entré dans un processus où il y a une augmentation au bout de 3 ans, même si la personne ne le mérite pas. Elle va voir la DRH et on va lui donner. On colmate les brèches, mais ça ne motive pas les gens.

Dans certaines entreprises, il faudrait ainsi se battre pour bénéficier d'une augmentation individuelle.

Les augmentations individuelles, je ne sais pas comment c'est décidé, on n'est pas tellement impliqué. Il faut se battre, certaines sont sous-payées.

On a pu avoir une augmentation de salaire avec la nouvelle directrice commerciale mais ça a été un rapport de forces.

On n'est pas motivé financièrement, les augmentations individuelles, il faut aller les demander.

Les augmentations de salaire, c'est individuel. J'en ai demandé une et la réponse a été que je recevrai une lettre qui me donnera la réponse.

Au final, le système suscite un sentiment d'iniquité, voire de mépris pour le travail bien fait.

Certains syndicalistes n'ont pas été augmentés depuis un moment.

Celui qui travaille n'est pas reconnu en tant que tel, il n'est pas rémunéré à sa juste valeur.

La valeur individuelle n'est pas récompensée comme elle devrait l'être, ceux qui se donnent de la peine n'ont pas plus que les autres. Il faudrait donner au mérite de chacun et non pas des AI tous les 2 ans comme actuellement, dont on est incapable de dire pourquoi.

De la théorie à la pratique : une méthode souvent contre-productive

Les augmentations de salaire individualisées sont présentées comme un moyen de « motiver » les salariés les plus méritants.

Reste à savoir ce qu'il faut entendre par « mérite ». En effet, s'agit-il de récompenser l'effort, l'assiduité, les résultats ou le fait que les objectifs aient été atteints ou dépassés ? On se contentera d'observer, d'après les dires des personnes interrogées, que les objectifs sont très rarement évoqués.

En revanche, beaucoup mettent en avant le fait que l'on ne dit pas aux intéressés, qu'ils soient ou non bénéficiaires d'une mesure individuelle, quelles sont les raisons qui ont motivé la décision. Il en résulte que l'objectif pédagogique – « travaillez mieux et vous gagnerez plus » – est loin d'être atteint. Pire encore, le sentiment d'une absence de relation entre la qualité du travail et le gain que l'on en tire peut conduire à décourager ceux qui ne demanderaient qu'à travailler mieux. Certains parlent alors d'une absence de reconnaissance.

En outre, des mesures non expliquées et en apparence arbitraires, appellent à s'interroger sur les raisons pour lesquelles certains en bénéficient et pas d'autres. Le soupçon se porte sur ceux que l'on tend à qualifier de « fayots ». La jalousie et les accusations gratuites s'installent alors au sein de l'équipe de travail, dont l'efficacité collective risque d'être proportionnellement réduite. Ceci est d'autant plus fortement ressenti qu'il est plus difficile de mesurer le mérite individuel par rapport à l'efficacité collective.

La plupart du temps, les agents de maîtrise s'efforcent de distribuer équitablement le budget dont ils disposent mais celui-ci est souvent réduit, compte tenu de décisions financières prises sans lien avec les objectifs RH. En outre, leurs décisions sont parfois remises en cause à un niveau plus élevé de la hiérarchie pour des raisons qui ne leur sont pas nécessairement communiquées. Il en résulte alors parmi eux une très vive amertume.

Ainsi mises en œuvre, les augmentations individuelles au mérite ne répondent ni à l'objectif qui consistait à « motiver » les salariés, ni à celui qui consisterait à récompenser les meilleurs, ni à l'exigence d'équité souvent mise en avant. Pour que ce triple objectif soit atteint, il faudrait que les salariés soient individuellement informés des raisons qui ont motivé la décision prise à leur égard et que les critères de décision soient aussi objectifs et transparents que possible. Or, ceci semble rarement le cas. Faute d'une mise en œuvre dans des conditions satisfaisantes, les augmentations de salaire au mérite débouchent alors sur des effets négatifs contradictoires avec les intentions qui animent les managers. Les audits de climat social révèlent toutefois que ceux-ci en sont rarement conscients. Comme on l'a vu au chapitre 2, ceci s'explique par le fait que la réalité du management, sur le terrain, peut se révéler très différente de ce qu'en dit la théorie.

Convient-il dès lors de rejeter complètement la méthode ? Probablement pas, mais il faut pour cela plusieurs préalables : la transparence, la proximité et la confiance. Or, il est rare que les entreprises françaises réunissent toutes ces conditions à la fois. Il en résulte qu'une méthode de management probablement efficace dans d'autres contextes est loin de l'être dans notre culture nationale, dominée par la méfiance entre patrons et salariés, l'importance des distances sociales entre les uns et les autres, et l'esprit de confrontation tel qu'il résulte de notre histoire.

Chapitre 6

Le déficit d'information : une cause majeure de mécontentement

Les entreprises n'ont jamais autant parlé de communication et les salariés ne se sont jamais autant sentis en manque d'information. Bien entendu, il ne faut pas généraliser. Néanmoins, les critiques exprimées lors d'enquêtes de climat social sont suffisamment nombreuses et convergentes pour ne pas être considérées comme anecdotiques.

Comment expliquer une telle situation ? Les propos relevés laissent apparaître un faisceau de raisons convergentes. Avec les 35 heures, on n'a plus le temps de se parler, la convivialité y perd. L'existence d'un intranet conduit certains managers à négliger d'informer leurs collaborateurs. Chacun étant débordé, on s'en tient à l'essentiel, à l'immédiat. La complexité croissante des situations a pour effet que la bonne information n'arrive jamais par les voies prévues à celui qui les attend. Pendant ce temps, les salariés, plus autonomes que par le passé, entendent savoir ce qui se passe dans l'entreprise au-delà de leur tâche immédiate et ils s'y intéressent d'autant plus qu'ils sont davantage dans l'incertitude en ce qui concerne leur avenir et donc leur emploi. De tout cela résulte une avalanche de rumeurs, à moins que les salariés ne soient finalement informés par le procès-verbal du comité d'entreprise, parfois grâce au relais de l'encadrement.

À réduire l'information à sa dimension fonctionnelle, on en arrive ainsi à oublier deux autres aspects : d'une part l'information donne sens à ce qu'on fait, et d'autre part informer ses collaborateurs, c'est avoir de la considération à leur égard. On ne s'étonnera pas ensuite que le manque d'information figure parmi les facteurs majeurs d'irritation des salariés à l'égard de l'entreprise.

Une insuffisance d'information signifiante

Il est fréquent que les salariés se plaignent du manque d'information dans leur entreprise. Ceci est vrai quelle que soit sa taille et quel que soit son secteur d'activité. Les citations qui suivent ont été puisées dans les verbatim d'une vingtaine d'enquêtes de climat social réalisées dans des entreprises de l'industrie, du commerce et des services. Parmi ces entreprises, figurent une institution paritaire de prévoyance sociale, une maison d'édition bien connue et une école de gestion. Ce sont dans ces trois dernières que le mécontentement était probablement le plus général.

Premier constat : si on veut être informé, il faut vraiment aller chercher l'information car celle-ci ne viendra pas d'elle-même.

C'est à nous d'aller piocher l'information.

Quand on veut l'information, on peut l'avoir mais si on attend d'être informé, on n'aura rien.

L'information écrite est très lente et vient après, c'est une officialisation plus qu'une annonce. Il y a les gens branchés et ceux qui ne le sont pas, ceux qui sont actifs et ceux qui sont passifs.

Ainsi, il arrive fréquemment que l'information soit obtenue par hasard ou trop tard, ce qui ne permet pas d'anticiper et, quand il le faudrait, de s'organiser en conséquence.

> Quand on apprend quelque chose, c'est par hasard.
> L'information est très insuffisante, toujours entre deux portes, par hasard. Les gens n'osent pas demander.
> Les informations orales sont très distillées et tamisées, et quand elles arrivent, c'est à effet immédiat.

Il arrive que l'on parvienne à se tenir informé de ce qui se passe dans l'établissement ou dans le service. Ce qui manque, en revanche, c'est l'information plus générale, qui permettrait de se tenir au courant de ce qui se passe ailleurs dans l'entreprise, du devenir de celle-ci et donc de placer tel ou tel fait concret dans un contexte plus général afin d'en tirer une signification.

> Il y a des infos sur le service, mais pas sur l'entreprise.
> On a très peu de contacts avec le siège. Rien n'est écrit et il n'y a aucun dialogue, chacun fait ce qu'il veut. Certaines tâches étaient parties au siège et sont revenues parce qu'ils étaient débordés.
> On est au courant des commandes, on ne sait pas ce que ça veut dire pour nous. On aimerait avoir des infos sur l'interne. On ne connaît jamais la charge de travail que l'on va avoir.

Même en ce qui concerne directement le travail, l'environnement immédiat du salarié ou ce qui le touche personnellement, l'information ne va pas de soi. Par exemple, il arrive ainsi qu'on apprenne par hasard le départ du directeur ou l'arrivée de son successeur.

> On ne sait pas qui fait quoi.
> À un moment, on a trouvé que les bulletins de salaires n'étaient pas trop clairs. On ne comprenait pas pourquoi on avait ça et pas ça. On aurait voulu une feuille d'explications, mais on ne l'a jamais eue. C'était au moment de la grève, on n'en a plus entendu parler. Il y en a beaucoup qui seraient contents d'avoir des explications, pareil pour l'intéressement.
> On est peu informé, il n'y a pas de dialogue, pas de proximité avec les salariés. On n'est jamais au courant, même pour la création de nouveaux postes.
> J'ai appris par la messagerie que notre directeur que je connais depuis 30 ans nous quittait prochainement. On ne sait pas pourquoi et on ne nous le

dira pas. Il n'y aura probablement pas de pot. On a le sentiment qu'il est tombé en disgrâce. On fait des hypothèses, ça ne crée pas une ambiance sereine.

J'ai entendu dire que l'ancienne directrice a été renvoyée mais on ne nous a pas dit pourquoi. Le message officiel a été : « Elle a été mise en congé ». On n'a pas su les raisons et certains n'ont pas trouvé cela normal.

Les salariés en tirent facilement la conclusion un peu désagréable que le fait de les tenir informés ne fait pas partie des priorités de l'entreprise. Ses dirigeants ont sans doute mieux à faire que d'informer leurs collaborateurs des tenants et aboutissants de l'action à laquelle ils participent pourtant par leur travail.

L'entreprise met énormément d'ardeur pour communiquer avec ses clients mais devrait en faire autant pour communiquer avec ses propres salariés.

On n'est jamais au courant de rien. Il y a des personnes dans l'usine qui ne savent même pas pour qui on travaille.

Il y a une information sur ce qui se passe, mais pas d'ouverture sur les réflexions en cours ou les projets à venir.

Le manque de temps est souvent mis en avant pour expliquer ce déficit d'information. Celle-ci se réduit alors à une routine, on ne consulte même plus les panneaux d'affichage. Parfois, au contraire, les efforts de la direction, quoique très réels, se heurtent à la difficulté de savoir qui est intéressé par quoi et comment répondre aux attentes des uns et des autres.

Les panneaux, ça fait partie du décor.

Il y a des affichages mais on va de moins en moins les voir à cause du manque de temps.

La communication n'est pas le point fort de l'usine. Il y a beaucoup de non-dits, les gens ne savent pas bien communiquer entre eux. En plus, avec les 35 heures, on est tous débordés, surtout les cadres. L'information, pour l'avoir, il faut la vouloir.

Il y a beaucoup d'informations mais elles ne sont pas bien déclinées. La méthodologie est défaillante : trop d'informations, insuffisamment sélectives. On n'a pas le temps de trier et on a du mal à retenir l'essentiel. Il faudrait une communication plus simple et plus efficace.

Le paradoxe, c'est que la communication est facile mais qu'on a quand même l'impression que les bonnes informations ne parviennent pas aux bonnes personnes. L'information ne remonte pas vers le haut, peut-être est-ce détourné ou filtré ? Les gens vous écoutent mais on a l'impression que l'information n'arrive pas là où elle devrait arriver. Les propositions d'améliorations sont prises en considération, mais jusqu'à un certain niveau seulement. On a la volonté de dire les choses, de les faire, et que ça débouche.

La multiplication des bruits de couloirs

Il y a l'information officielle d'un côté et de l'autre, tout ce que les salariés peuvent se raconter entre eux devant la machine à café, à la cafétéria ou au vestiaire. Les bruits de couloirs se répandent ainsi au sein de l'entreprise et, d'une façon générale, ils circulent beaucoup plus rapidement que l'information officielle, notamment celle émanant de la direction.

Les informations, c'est le bouche à oreille. Une nouvelle, en 2 minutes, elle a fait le tour de l'entreprise. On s'informe en se parlant, en rencontrant beaucoup de monde.

L'information, c'est essentiellement radio-moquette. Quand les informations de la direction arrivent, on est déjà au courant, c'est dommage.

Quand l'arrivée du nouveau DG a été officiellement annoncée, les 3/4 de la boîte étaient déjà au courant, et avant même, toute la profession était au courant.

Il y a des efforts à faire, on est au courant des choses par les bruits de couloirs et ensuite seulement par un message. On souhaiterait plus d'informations sur les nouveaux programmes pour avoir le sentiment de faire partie de la société. La communication n'est pas bonne parce qu'on ne relie pas les salariés au groupe. Le journal arrive trop tard et nous donne le sentiment d'être exclus des informations. En cas d'inauguration d'un nouveau programme, celui qui va s'en occuper n'est pas invité.

L'information nous vient par les e-mails de la direction sur l'intranet et par les comptes-rendus du CE et du DP qui sont affichés et diffusés sur Internet. J'ai appris le déménagement par mon supérieur hiérarchique mais j'avais déjà eu des échos, tout le monde s'y attendait plus ou moins.

Bien souvent, toutefois, les bruits de couloirs suppléent les carences de l'information officielle, soit parce qu'elle est trop tardive, soit parce qu'elle est inexistante. Les racontars deviennent ainsi l'unique source d'information disponible.

L'information, c'est les bruits de couloirs, les gens discutent. Dans mon équipe, il y a un membre du CE alors on a des informations plus fraîches mais ça ne passe pas par le N+1. Il ne prend pas toujours le temps de nous informer de ce qu'il a appris.

L'information, c'est radio-moquette. L'intranet est peu consulté, les informations hiérarchiques sont déficientes, le PV du CE a 5 mois de retard…

On a les informations par le café et les cigarettes, par les personnes des autres étages qui viennent quand leur machine est en panne, sinon, il n'y a jamais d'informations précises.

L'information, c'est d'abord le bouche à oreille. À l'arrivée du nouveau directeur, je ne suis pas sûr qu'il y ait eu une note.

Il y a des notes dans la salle de repos, c'est à nous d'aller lire les affichages, sinon, c'est le bouche à oreille. On sait à peu près tout, ça arrive à se savoir.

L'information passe par les bruits de couloirs. On n'a pas toujours le temps de consulter la messagerie compte tenu de la charge de travail mais je ne ressens pas le besoin de plus d'information. D'ailleurs, la situation actuelle ne me gène pas dans la mesure où je m'appuie sur le réseau des copains et des anciens collègues.

Ceci pose un problème. Si les bruits de couloirs ne sont pas vite confirmés (ou infirmés) par une information officielle (information orale par la voie hiérarchique ou information écrite), ils s'enflent et dégénèrent en rumeurs qui s'ornent vite d'interprétations fantaisistes ou malveillantes. L'information échappe alors totalement à la direction. Il est en effet difficile de démentir une rumeur qui s'est largement diffusée.

L'entreprise « vue d'en bas » est alors l'objet d'un discours qui peut être très éloigné de ce qu'imagine la direction et encore plus de ce qu'elle pourrait souhaiter. Avec le temps, la méfiance peut ainsi s'installer durablement et considérablement compliquer la mise en œuvre des changements.

Les carences de l'information hiérarchique

La voie hiérarchique constitue – ou devrait constituer – le premier canal d'information des salariés mais ce dernier est souvent plus ou moins enlisé. Les récriminations les plus fréquemment formulées par les personnes interrogées sont au nombre de trois :

– « On ne connaît pas les intentions de la direction » ;

– « Les managers de proximité sont peu disponibles » ;

– « Les réunions d'information tendent à s'espacer ou à disparaître ».

L'absence d'information sur les intentions de la direction

L'organisation de l'entreprise repose fortement sur l'implication de l'ensemble des salariés. Cependant, pour avoir la possibilité et l'envie de s'impliquer, encore faut-il être informé des intentions de la direction de façon à pouvoir orienter en conséquence ses propres priorités. Or, bien souvent, cette information semble insuffisante ou inexistante ; les nouvelles se réduisant aux consignes immédiatement nécessaires pour l'accomplissement des tâches quotidiennes.

Cette carence conduit à une situation de double contrainte (souvent génératrice de stress) : Comment être personnellement plus performant si on ne sait pas ce qui est important aux yeux de la direction ? Comment inscrire son action dans une action collective si on n'en connaît pas la finalité ? Il en résulte un décalage (« Eux, c'est eux et nous, c'est nous ») qui alimente les rumeurs, détruit le sentiment d'appartenance et nourrit les stratégies d'opposition. Ceci entre évidemment en contradiction avec la philosophie par ailleurs affichée par l'entreprise (« Nous sommes tous solidaires »).

Il y a un problème de décalage entre ce que les gens en haut décident et ce qui se passe à la base.

La première constatation de tout le monde, c'est que ça ne communique pas. On ne connaît pas les projets de la direction. On ne voit pas souvent les responsables.

Des managers de proximité trop peu disponibles

Les reproches formulés par les salariés peuvent se classer de la façon suivante :

- les managers de proximité n'ont pas suffisamment de temps pour être « avec nous » et nous mettre dans le coup, compte tenu de leur charge de travail et notamment des obligations de *reporting* qui leur sont par ailleurs imposées ;
- certains d'entre eux n'ont pas le goût du contact, ils ont d'autres priorités et se comportent en purs techniciens dans leur domaine de compétence et non comme des managers ;
- les managers de proximité eux-mêmes n'ont pas toutes les informations qui leur seraient nécessaires ou alors ils les gardent pour eux en en faisant un outil de pouvoir.

Nos patrons, avant, ils faisaient le tour des services. Maintenant, ils ne le font plus. Pourquoi ? Je ne sais pas. Il faut dire que ce ne sont plus les mêmes.

L'encadrement ne donne pas les informations suffisantes pour qu'on se sente impliqué.

Je n'ai pas vu mon chef de pôle depuis des lustres. Il ne s'est jamais présenté aux équipes, il n'a jamais fait la moindre présentation de ses activités ou de ses résultats.

Le responsable ne retransmet pas l'information, on n'a pas de chiffres. Pourquoi ? Il arrive que les messages les plus importants ne passent pas, par oubli du responsable.

Souvent, les managers bloquent l'information ou ils la divulguent de façon confidentielle. Ceux qui ont l'information « font de la mousse » : « Je vous le dis, mais ne le dites pas ». Ça crée des situations conflictuelles, les gens ont du mal à comprendre pourquoi les uns sont informés et pas les autres.

Quand on a besoin d'un renseignement, il y a une démarche hiérarchique qui est assez compliquée : il faut passer par des intermédiaires alors qu'un coup de fil suffirait et il faut exposer le problème à notre animateur, qui doit alors faire la démarche auprès du chef de département, c'est assez lourd.

L'absence de réunions d'information

Chose curieuse, il semblerait que les réunions d'information – quand elles existent – soient de moins en moins régulières. L'organisation des entreprises régresse donc vers une conception très taylorienne : d'une part ceux qui savent et qui décident, et d'autre part ceux qui exécutent et qui n'ont pas à savoir.

Les enquêtes de terrain ne permettent pas de préciser l'origine de cette régression. Il est probable que le manque de temps et la priorité accordée aux résultats immédiats contribuent pour l'essentiel à l'expliquer. On verra un peu plus loin que l'illusion qu'induisent les NTIC peut également, dans certaines entreprises, constituer un facteur explicatif.

Il y a des réunions thématiques mais pas de réunions d'information et de communication. Avant les 35 heures, il y avait des réunions d'information, mais elles ont été supprimées d'un commun accord faute de temps.

Les réunions de service, il y en a de moins en moins. La dernière qui a eu lieu a été surprenante : on a été prévenu 30 minutes avant.

Il y a peu de réunions de département. À la dernière, le responsable a préféré quitter la réunion, compte tenu de l'agressivité du délégué.

Les réunions sont très rares, on en fait 2 ou 3 dans l'année. Elles ne permettent pas de débattre, les gens ne pourraient pas se contenir. Les réunions, c'est dans le but de la société, pas de la communauté qui travaille ici.

On avait une réunion tous les 2 ou 3 mois, maintenant plus rien.

On n'est pas informé de ce qui se passe. Il n'y a pas de réunions, juste une tous les 6 mois voire une par an. À chaque réunion, on ressort les mêmes choses qui n'avancent pas. On réclame un appareil pour nettoyer le sol. Le balai-brosse, c'est fatigant. Ça fait 3 ans.

À un moment donné, il y avait une réunion toutes les 3 semaines le vendredi après-midi avec le contremaître, le chef de service et l'ingénieur. On parlait du travail prévu, de quelques produits et de points critiques. Ces réunions sont moins fréquentes. On perdait un bout de l'après-midi.

On fait très peu de réunions. En fait, on les a arrêtées car les langues se déliaient peu.

L'illusion des nouvelles technologies

Nombre d'entreprises se sont imaginé que la création d'un intranet et la possibilité pour chacun des salariés d'y accéder et de recevoir des messages allait apporter une solution à ce lancinant problème de communication interne. Sans vouloir nier le rôle positif des NTIC, le « tout intranet » peut se révéler une dangereuse illusion, que dénoncent les salariés de certaines entreprises :

- on est débordé par les messages informatiques et, faute de temps, on n'y prête donc plus vraiment attention, y compris lorsqu'il s'agit d'une mise à jour des consignes de sécurité (affirmation d'un chef d'équipe sur un site Seveso 2) ;
- l'usage intensif et exclusif de l'intranet a pour effet de réduire les contacts humains, y compris téléphoniques ;
- l'existence d'un intranet peut être un prétexte, pour la hiérarchie, de se soustraire à son rôle de transmission d'information ;
- les messages informatiques, sous leur forme lapidaire, peuvent être sources d'ambiguïtés.

Les informations, ce sont essentiellement les e-mails de la direction. On est assez inondé. Il y a les informations sur le site du Groupe que je regarde régulièrement, sinon, les PV du CE et les bruits de couloirs. Il y a très peu d'informations par la voie hiérarchique, à part la grand-messe annuelle. Il y a un manque de communication de ce côté-là. On fait des réunions de service mais c'est pour le business et elles ne sont pas régulières.

Il y a une surabondance d'e-mails et du coup on ne se téléphone plus, il n'y a plus de contact direct. Les gens ne lisent pas les messages, rien ne vaut un coup de fil. En plus, dans les e-mails, il y a des mots que l'on ne comprend pas toujours, certains écrivent n'importe comment et c'est souvent incompréhensible.

Il y a trop d'e-mails, on est débordé d'informations diverses et variées qui ne disent pas la même chose et mettre toutes les informations sur l'intranet, ce n'est pas forcément une bonne chose parce qu'il y a une charge de travail importante et qu'on n'a pas le temps.

La mise en place des NTIC peut être génératrice de difficultés dont la direction n'a pas conscience. Dans l'un des cas relatés ci-dessous, la SSII assurait que « tout allait bien » jusqu'à ce que se déclenche un mouvement de grève dans les services concernés...

La mise en place du nouveau logiciel a été assez mal vécue. Les formations ont été rapides et superficielles : en 5 jours, il a fallu se mettre au courant de 5 progiciels. La distance rajoute une difficulté, on s'est retrouvé avec le produit sans aide pour le mettre en œuvre. Ça a provoqué une chute de moral, plus personne ne se parlait, on n'avait plus le temps de prendre un café, on faisait des journées de 12 heures. Le problème, c'était le volume de travail et le manque d'information. On mettait davantage de temps pour faire le même travail.

Nous avons un manque de matériel informatique. J'ai une affaire qui traîne et je n'arrive pas à savoir pourquoi. J'ai fait la demande à Paris, la réponse tarde, ça n'arrive pas et quand ça arrive, on doit se débrouiller pour la mise en fonction. On n'a pas l'autorisation, à ma connaissance, de faire appel à des prestataires locaux, toutes les demandes doivent être faites auprès de la direction.

Le rôle des représentants du personnel

À défaut d'une information écrite satisfaisante émanant de la direction et d'une information orale nourrie de la part de l'encadrement, les salariés peuvent être amenés à se tourner vers leurs représentants (CE et délégués syndicaux) et à les considérer comme leur principale source d'information sur la vie de l'entreprise.

Ceci peut conduire à des pratiques *a priori* surprenantes. Dans telle entreprise, l'encadrement lui-même obtient ses informations auprès des représentants du personnel avant (éventuellement) de les diffuser. Dans une autre, c'est l'encadrement qui assure la diffusion des PV du CE. De telles situations génèrent un sentiment d'amertume de la part de l'encadrement : « Les représentants du personnel sont mieux informés que nous, et plus rapidement. Ils ont directement accès à la direction générale, ce qui n'est pas notre cas ».

L'information, c'est le CE – il en donne suffisamment à mon avis – Lotus et les bruits de couloirs.

L'information passe souvent par les syndicats, il y a très peu d'information venant de la direction.

L'information, normalement, ce sont les e-mails du CE, c'est là qu'on apprend les grandes décisions mais je ne les lis pas, je vais directement demander aux gens du CE. Ça passe assez bien. Les managers font passer l'information dans notre domaine et si c'est un peu compliqué, ils viennent nous expliquer.

Les informations passent plus vite par le syndicat que par la direction.

Les collaborateurs de l'entreprise sont parfois mieux informés par les syndicats que par la hiérarchie. Les membres du CE ont l'occasion d'avoir en direct des informations du président, peuvent lui poser des questions et communiquer ensuite largement.

L'information, c'est le PV du CE mais il arrive avec un décalage de 2 mois. L'information au jour le jour, il n'y en a pas.

Tout ce que je peux apprendre, c'est à partir des comptes-rendus du CE et de la présentation que le responsable en fait après chaque réunion du CE.

Ce sont les syndicats qui font l'information sur les augmentations : 2 % pour les bas salaires, c'est le syndicat qui nous l'apprend et on ne sait pas pourquoi c'est ça. La direction a affirmé qu'il n'y avait pas d'intéressement et c'est les syndicats qui ont expliqué.

Les représentants du personnel sont convoqués pour être informés et les chefs d'équipe se sentent court-circuités parce qu'il y a des choses qu'ils aimeraient annoncer par eux-mêmes. Les représentants du personnel sont informés avant la maîtrise de sorte que ceux-ci n'ont pas l'information pour répondre eux-mêmes aux questions. Au mieux, ils sont informés en même temps que les syndicats. Par exemple, la direction ne faisait pas de compte-rendu du CE, ça a été une demande de la maîtrise. Le manque d'information la discrédite auprès des gens qui ne sont pas impliqués et tenus au courant de la stratégie de la direction.

Vers un développement du cloisonnement

L'absence d'information conduit à un certain cloisonnement au sein de l'entreprise. Il en résulte un sentiment d'isolement, une tendance au « chacun pour soi » et une absence de vision globale du fonctionnement de l'entreprise.

Un sentiment d'isolement

Les propos tenus par les personnes interrogées sont parfois pittoresques. Dans une entreprise, il aura fallu un mouvement de grève pour que les jeunes aient l'occasion de visiter l'usine. Dans une autre, il est interdit de traverser un service autre que celui où l'on travaille, sans doute pour éviter que les gens ne perdent trop de temps à se parler…

> Aucune information ne passe, on a l'impression de travailler en vase clos.
>
> On ne se mélange pas beaucoup.
>
> Il y a du cloisonnement d'un bâtiment à l'autre, entre stators et rotors, entre usinage et montage, à part pendant la grève...
>
> Il est interdit d'aller d'un service à un autre, il y a des responsables qui ne veulent pas qu'on traverse leur service. Le problème, c'est que si on veut une mutation, ça nous empêche d'aller voir. C'est vrai que quand on passait, on disait bonjour aux connaissances…
>
> On ne communique pas d'un étage à un autre, sauf quand la machine à café est en panne, sinon, on n'a aucune occasion.

Le « chacun pour soi »

Chaque service « travaille dans son coin » et de cela, résulte une décomposition de l'entreprise en un ensemble de baronnies, chaque chef de service s'efforçant de conserver pour lui-même les informations dont il dispose. Dans ces conditions, l'entraide d'un service à un autre est réduite à son strict minimum, quand elle n'est pas sévèrement combattue, le tout, bien entendu, au détriment de l'efficacité générale.

Il n'y a aucune communication entre le commercial, la planification, le transit et la cellule DTQC. Chacun « fait sa soupe » dans son coin et personne ne se soucie des problèmes des autres.

Il y a une volonté de chaque direction de conserver l'information, ce n'est pas seulement de la négligence.

Les chefs de service gardent leur territoire et ont des relations conflictuelles, chacun cherche à se couvrir au maximum.

Il y a des roitelets ici. Ils ont tendance à se débiner devant les problèmes et bénéficient d'une impunité totale.

Chacun a tendance à garder l'information pour lui afin d'éviter qu'on ne lui prenne son fonds de commerce.

On a toujours peur que quelqu'un vienne mettre son nez dans nos affaires. On en parle le moins possible pour être le plus libre possible. Chacun reste dans son coin. On ne veut pas être gêné par les autres.

L'absence d'une vision globale de l'entreprise

Pour les salariés, l'absence d'une vision globale de l'entreprise les rend incapables de comprendre le fonctionnement général de cette dernière. Chacun tend à se replier sur ce qui le concerne directement. Dans le cas de la maison d'édition dont les employés ont été interrogés, il est même arrivé que deux équipes aient travaillé sans le savoir sur un même projet éditorial à deux étages de distance…

Je n'arrive pas à cerner l'usine. Il y a peu de relations d'un bâtiment à l'autre. On n'arrive pas à savoir. Les gens font leur production et c'est tout. On voit peu les supérieurs.

On manque de communication transversale et il arrive que des services différents travaillent sur un même produit sans le savoir.

Dans le groupe, les gens ne se parlent pas de façon utile. Je défie quiconque de me dire ce que fait son voisin du dessous. Il y a peu de personnes qui connaissent vraiment la réalité de l'entreprise. Chacun reste sur ses positions et est pris par le quotidien.

Les services administratifs, on y va très rarement, les services commerciaux et les achats, jamais. Les commerciaux, on ne les voit jamais. Or, on pourrait leur dire qu'avec certains produits, on a plein d'ennuis. On achète du matériel et ensuite, quand c'est installé, on nous demande ce qu'on en pense et c'est pas ça. Qui décide ? Je n'en sais rien.

Une perte de convivialité

Ce qui est en cause, ce n'est pas seulement la communication d'informations utiles ou nécessaires, mais également les relations entre les personnes. Prendre le temps de communiquer, c'est faire exister la personne à laquelle on s'adresse, d'où les conséquences désastreuses d'une communication réduite à sa seule dimension fonctionnelle. L'absence de temps pour se parler et le développement des e-mails ont conduit à une perte de convivialité. L'information est devenue froide, dépourvue de toute chaleur humaine. On ne se connaît plus et il peut arriver, par exemple, qu'un nouvel employé apprenne au bout de plusieurs jours seulement l'existence d'un restaurant inter entreprises…

Les notes arrivent par Quickmail mais elles ne sont plus commentées comme avant. Il n'y a plus de rapports humains, uniquement du papier.

Il y a beaucoup de communication structurée, mais peu de communication au sens humain du terme.

La communication devrait être plus directe : moins d'e-mails, plus de face à face. Moins de parapluies, plus de chaleur.

On ne se connaît plus. On n'a plus le temps de discuter. On se croise, on discute lors de la réunion. On ne discute plus autour du café.

À mon arrivée, il a fallu que j'apprenne à me débrouiller seul. Il y a des habitudes qui sont ancrées depuis longtemps. Il fallait aller chercher l'information et ce n'était pas évident. L'organisation est assez complexe, vous ne savez pas où aller chercher l'information. On a un intranet qui est une mine de renseignements mais ça ne vaut pas l'information directe. C'est trop facile, quand on arrive, de dire que tout y est. Il y a un jeune qui venait d'être embauché et qui n'est pas resté parce qu'il se sentait seul.

L'absence de transparence

L'absence de communication peut donner aux salariés une image négative de la direction. Ils risquent alors d'entrer dans un système de suspicion (« Si on ne nous le dit pas, c'est qu'on veut nous le cacher »), qu'il s'agisse des privilèges que s'arroge la direction ou des décisions en cours dont les conséquences seront négatives pour les salariés. Quoi qu'il en soit, l'absence de transparence conduit les salariés à la méfiance, laquelle est toutefois atténuée par le fait que nombre de « secrets » sont des « secrets de Polichinelle ». Or, si la direction cherche à cacher ce que tout le monde sait déjà, elle donne prise au ridicule…

Il n'y a pas de transparence, tout est opaque.

Les informations orales sont très distillées et tamisées, et quand elles arrivent, c'est à effet immédiat.

Un jour, on nous annonce une chose, le lendemain, une autre. On ne sait pas où on va. Il y a le problème de la charge de travail. La plupart des gens sont pessimistes.

Les affichages de la direction, ils sont parfois un peu flous et ça fait se poser encore plus de questions. Elle ne fait pas preuve de suffisamment de transparence, il y a des choses qui se trament et qu'on ne nous dit pas.

La transparence existe effectivement à un certain niveau, mais pas d'un niveau à l'autre. La hiérarchie n'est pas transparente. Par exemple, pourquoi distinguer voitures de fonction et voitures de société ? Certains ont une voiture de fonction dont ils n'ont pas l'utilité et d'autres, qui en auraient l'utilité, n'en ont pas. Pourquoi certains ont des droits et pas d'autres ? Les gens le savent, mais c'est tabou et ça tend à s'accroître.

La direction est un peu trop cachottière alors que beaucoup de choses confidentielles arrivent à se savoir avant leur annonce. Inversement, des choses qui devraient être communiquées (des choses stratégiques) ne le sont pas assez. Des choses fausses ne sont pas démenties. Par exemple, des gens importants sont partis et on n'a pas été pas informé. Parfois, on nous dit « C'est un grand secret », mais au bout de 3 jours, 15 personnes m'en ont déjà parlé. Par exemple, le nouveau DG, dont j'ai appris l'arrivée par un bruit de couloir. Il faut dire qu'ils ne sont pas très discrets car pour le DG, les nombreux entretiens ont été faits presque au vu et au su de tout le monde.

Il y a beaucoup de grosses maladresses. Les choses ne sont pas dites, on les cache et les gens les apprennent par la bande (par exemple, un changement de responsable). Rien ne se fait naturellement. Ça tient à la peur de la direction quant à la façon dont les équipes réagiront. Mais le CE aussi, il garde les informations. S'il y a quelque chose d'important, il faudrait en informer tout le monde de façon à éviter les fantasmes, les rumeurs. Il y a des « secrets de Polichinelle ».

On est dans le monde de la communication et on est incapable de communiquer. Il y a beaucoup de choses qui ne se disent pas, ce sont des

88

secrets de Polichinelle parce que tout se sait par l'intermédiaire des autres. On cache des choses, il y a un manque de transparence. Quand on nous dit qu'on va être transparent, ça nous fait sourire parce qu'on n'y croit pas trop et ça attise l'inquiétude.

Le sentiment de subir

L'absence de transparence génère chez les salariés un sentiment très désagréable : ils subissent la situation dans laquelle ils se trouvent dans l'entreprise beaucoup plus qu'ils ne participent à l'action collective. Ce sentiment peut être de deux formes différentes : l'impression de subir des changements que l'on ne comprend pas, et celle de subir le comportement de chefs pour lesquels on ne compte pas.

L'absence de clés de compréhension

Pour les salariés, l'information ne doit pas se limiter aux consignes nécessaires à l'exécution de tâches immédiates mais permettre de se projeter dans l'avenir et de donner sens à l'action. Or, c'est cette information qui fait défaut, alors qu'elle est jugée d'autant plus cruciale que le salarié se trouve confronté à des changements plus importants et parfois lourds de conséquences pour lui.

Je ne comprends plus rien. Je ne sais pas qui fait quoi, qui est là ou pas ou encore à qui m'adresser. En plus, on ne se connaît plus parce qu'on ne se réunit plus. Quand on voit les gens, c'est toujours pour un ennui.

Ce qu'on nous dit, c'est ce qui est censé nous concerner mais ce n'est pas nécessairement ce qui pourrait nous intéresser.

Il y a eu des changements de dirigeants, c'est une instabilité flagrante, on est toujours en mouvement. Il y a eu une lutte acharnée au-dessus, qui a eu des conséquences, qui en a encore et dont je ne comprends pas tout mais qu'on subit. Il faudrait un management qui soit clair, stable, avec des outils.

L'autoritarisme des chefs

L'absence d'information de la part de l'encadrement renvoie à un autoritarisme qui fait aujourd'hui l'objet de réactions de rejet massives, notamment des plus jeunes.

> Il faudrait que les gens s'écoutent entre eux. Il n'y a pas de dialogue avec la hiérarchie, « le chef a toujours raison ».
>
> Il y a de la communication quand ça les arrange. Si c'est pas leur idée à eux, il faut que ça vienne d'eux. Dès qu'on essaye de faire avancer le service, si c'est pas leur idée à eux, ça ne plaît pas. C'est le chef qui contrôle.
>
> Je le vis mal. Notre chef parle surtout aux cadres, mais il ne veut pas discuter avec nous. Je n'ai pas l'occasion de discuter avec mon responsable. Il repousse, il repousse. J'ai laissé tomber. J'aurais voulu parler avec lui mais je ne suis qu'une personne sans importance, alors... Pour le peu d'années qui me reste, je ne vais pas changer. Il n'utilise pas toutes mes compétences, pourtant j'ai été formé. À un moment, je voulais bouger, j'aurais voulu finir un peu plus en beauté.

L'incertitude sur l'avenir de l'entreprise

L'absence d'information, quand on sait l'entreprise prise dans une tourmente et que c'est son avenir et celui des emplois qui est en jeu, conduit à se poser une multitude de questions : « Où va-t-on ? », « Que dissimule le silence de la direction ? », « Ne nous cacherait-on pas des choses ? »... Une telle incertitude est source de rumeurs et génératrice de stress.

> La communication, pour l'instant, à l'air de fonctionner. Par moments, c'est la coupure. Il y a des secteurs où un blanc existe, un vide. Je pense qu'il faudrait améliorer ce point. C'est peut-être ça, la peur de ne pas avoir d'éléments sur l'avenir. L'incertitude (Qu'est-ce qu'on deviendra dans 2 ans ?), ça met les gens un peu mal à l'aise. Ils ont l'impression qu'on leur cache quelque chose, la vérité. Le site dans 5 ans ? Quels risques ? Il y a une crainte qu'on les leurre. Ce n'est pas l'ensemble mais une catégorie. Les intermédiaires entre l'encadrement et les opérateurs. Je ressens que les intermédiaires sont plus inquiets. Ils seront les victimes.

Le gros problème, c'est l'information. La baisse de charge, on est resté dans l'ignorance. Il y a des bruits, ça déstabilise. On vit de rumeurs, il faudrait des réunions, savoir où on va. On est les premiers concernés, ça crée de l'inquiétude : Est-ce qu'on va fermer ? licencier ?

Les salariés, notamment les jeunes, sont surinformés. En effet, la télévision, la presse, les blogs et les sites Internet, etc., leur permettent d'avoir accès à l'information en permanence, de savoir – ou d'avoir l'impression de savoir – ce qui se passe dans le monde. Mais paradoxalement, ils ont du mal à se faire une idée exacte de ce qui se passe sur leur lieu de travail. Cette contradiction est d'autant plus difficile à vivre qu'il leur est par ailleurs demandé de s'impliquer dans leur travail. Mais comment s'impliquer quand on ne sait rien ou que l'on a l'impression que l'on vous cache des choses ? Dans de telles conditions, comment ne pas comprendre que nombre de salariés en viennent à cultiver la méfiance ou à sombrer dans le découragement ?

Chapitre 7

La lourdeur des *reportings* : une cause croissante d'exaspération

Les salariés, et plus particulièrement les cadres, sont de plus en plus nombreux à se dire exaspérés par la lourdeur des *reportings* qu'ils doivent fournir. En effet, les tableaux chiffrés qu'ils doivent remplir leur prennent de plus en plus de temps, au détriment de leurs autres obligations, sans que leur utilité soit toujours évidente pour eux. « Le rôle de quelqu'un comme moi, ce serait d'être chez les clients, pas de s'enfermer dans son bureau pour aligner des chiffres », observe ainsi un cadre commercial.

Cette tendance s'explique à la fois par la mise en œuvre de techniques de management venues des États-Unis, une tendance à la centralisation, une augmentation du niveau d'exigence, l'attribution à chacun d'objectifs chiffrés et un contrôle beaucoup plus strict du niveau des résultats par rapport à ces objectifs. Le problème qui résulte de cela est la perte de temps occasionnée par la quantité de renseignements que chacun doit ainsi fournir alors qu'ils ne semblent pas toujours justifiés. Ceci a pour effet de « mettre l'entreprise sous tension » et explique pour partie la progression du stress. Reste à savoir si tous ces renseignements demandés constituent un réel facteur de performance ou plutôt une illusion de la performance.

Une perte de temps non justifiée

Les enquêtes de climat social laissent apparaître que dans de nombreuses entreprises, les *reportings* exigés par la direction sont considérés – avec la consultation d'e-mails et la réponse à leur apporter – comme une source croissante de perte de temps. Selon de nombreuses personnes interrogées (ingénieurs et cadres, agents de maîtrise et techniciens, employés), plusieurs heures par jour sont parfois nécessaires pour remplir et tenir à jour des états dont l'utilité ne leur est pas toujours évidente.

Ces *reportings* leur apparaissent souvent comme le signe d'une dérive bureaucratique ayant pour effet de les détourner de ce qu'ils estiment être leur métier ou leur mission au sein de l'entreprise. Cette perte de temps leur semble d'autant plus dommageable que, parallèlement, leurs objectifs de résultats sont de plus en plus contraignants.

Par ailleurs, ils considèrent que les objectifs et les résultats qu'il s'agit ainsi de contrôler ne correspondent pas nécessairement aux priorités qui leur semblent plus urgentes. Les contraintes qui leur sont imposées semblent avoir été imaginées par des contrôleurs de gestion ou des financiers qui sont loin des problèmes concrets tels qu'ils s'efforcent d'y faire face.

De plus, le temps perdu à satisfaire ainsi les exigences du siège ou des services centraux, les empêche d'être « sur le terrain » autant qu'il le faudrait. Les agents de maîtrise, notamment, soulignent qu'il leur faudrait être plus disponibles aux côtés de leurs équipes, mais qu'ils

94

en ont moins le temps, accablés qu'ils sont de tâches supplémentaires. Certains salariés, quant à eux, estiment que leur chef n'est pas suffisamment disponible compte tenu de ses multiples obligations.

Bien entendu, on ne peut établir de généralités à partir de quelques critiques. À noter que celles-ci sont plus fréquentes dans les grandes entreprises et semblent correspondre à des formes de management largement empruntées aux États-Unis, telles qu'elles tendent à se généraliser dans les entreprises européennes.

Les raisons de la dérive : le management par les procédures

D'après les dires des personnes interrogées, voici les principales causes de cette inflation du *reporting* :

* Avec l'accroissement de la taille des entreprises et leur regroupement en groupes de taille mondiale, les centres de décision tendent à s'éloigner. Les dirigeants ne sont plus « sur le terrain » et leurs exigences semblent décalées par rapport aux réalités locales. À titre d'exemple, citons ce groupe anglo-saxon qui a adressé un message *worldwide* exigeant de ses filiales, dont la filiale française, qu'elles adoptent le système métrique. Sans aller jusqu'à une telle absurdité, on peut affirmer que les indicateurs retenus par les dirigeants de la société mère sont loin d'être toujours pertinents pour ceux qui doivent les documenter, lesquels y voient à la fois une perte de temps et un symbole de ce que « le siège ne comprend rien à ce que nous faisons ».

* Les exigences de résultats ont considérablement augmenté dans de nombreuses entreprises. Ces résultats se mesurent par rapport à des objectifs chiffrés, annuels, trimestriels, mensuels…, et se

déclinent unité par unité, service par service. L'établissement des budgets annuels représente ainsi un grand moment du cycle annuel de la vie de l'entreprise. Mais la plupart du temps, ces budgets ne sont pas définis « du bas vers le haut », en fonction de ce qui semble possible à chacun, mais « du haut vers le bas ». La discussion des objectifs est souvent de pure forme, à chacun ensuite de se débrouiller pour les atteindre, ce qui nécessite par la suite un contrôle rigoureux afin de s'assurer que le budget établi sera respecté.

- La quantité abusive de *reportings* demandés correspond à une tendance à la centralisation que l'on observe dans la plupart des entreprises depuis le début des années 1990. Il n'est plus question de « management participatif », de « projet partagé » ou de « cercles de qualité », mais de performance financière et de résultats chiffrés, qui, tels qu'ils sont exigés au sommet, doivent être obtenus coûte que coûte et par tous les moyens. En effet, ils conditionnent largement l'évolution de carrière des plus hauts dirigeants et doivent bien évidemment tenir compte des exigences des marchés financiers. De proche en proche, la carrière des managers dépend ainsi pour beaucoup de la façon dont ils atteignent ou non leurs résultats.

- Cette évolution est basée sur un modèle de management d'origine anglo-saxonne, largement fondé sur le respect des procédures. La « démarche qualité », indépendamment de son objet, se résume souvent à un ensemble de prescriptions parmi lesquelles les contrôles et les *reportings* figurent en bonne place. En une vingtaine d'années seulement, on est ainsi passé d'une démarche visant à faciliter les initiatives d'amélioration (les « cercles de qualité »), telles que peuvent les concevoir les salariés *on the floor*, à une démarche extrêmement centralisée excluant pratiquement toute possibilité d'initiative au niveau local. Le TQMS (*Total Quality Management System*) justifie ainsi une attitude qu'il est permis de qualifier de bureaucratique.

L'utilité des *reportings* apparaît comme étant d'autant plus contestable aux yeux de ceux qui doivent s'en charger, quitte à négliger clients et collaborateurs pour cela, que l'information sur la santé de l'entreprise est plus rare. Alors que la quantité d'e-mails ne cesse d'augmenter, l'information se réduit souvent à ce que chacun doit savoir afin de s'acquitter de sa tâche au quotidien. La consultation du site Internet est supposée se substituer à l'information orale, telle qu'elle était dispensée par le chef, lequel ne manquait jamais de commenter les nouvelles et de leur donner ainsi du sens. Ainsi, le développement des NTIC est-il souvent accompagné d'une augmentation du sentiment d'isolement face à des injonctions incompréhensibles telles qu'elles « tombent d'en haut ».

Un management qui tend à devenir bureaucratique

En théorie, le *reporting* est censé apporter un surcroît d'efficacité à l'entreprise, mais dans la pratique, c'est loin d'être toujours le cas.

On observera en premier lieu que la définition centralisée d'objectifs chiffrés que chaque *business unit* – voire chacun des collaborateurs – doit ensuite décliner sur le plan local est une démarche qui s'apparente à ce qu'était naguère le *gossplan* soviétique. La critique en a suffisamment été faite, notamment par les auteurs d'inspiration libérale, et les effets ont été suffisamment peu concluants pour qu'il soit inutile d'insister. Or, on en retrouve dans l'entreprise tous les effets dérivés.

Par ailleurs, cette conception hyper-centralisée de l'entreprise favorise particulièrement la passivité. Il ne s'agit plus, aux niveaux intermédiaires, de se montrer créatif en trouvant de nouvelles opportunités ou idées d'amélioration, mais de respecter des objectifs qui ont été définis plus haut. Ainsi, l'entreprise se réduit alors à une masse d'exécutants isolés. En effet, pour les collaborateurs, il s'agit moins de participer à une action collective et de coopérer, à cet effet, avec les collègues de travail que de « réaliser ses objectifs personnels » de façon à faire l'objet d'une appréciation en conséquence. Or, les économistes savent bien que les résultats collectifs ne sauraient se réduire à une somme de résultats individuels ou partiels.

Le plan et le suivi de son exécution peuvent être complètement déconnectés des réalités concrètes de l'entreprise. Il peut arriver, par exemple, que l'entreprise fixe des objectifs ambitieux, souvent par simple extrapolation des résultats de l'année précédente. L'état d'avancement du plan ainsi constitué est ensuite scrupuleusement suivi à grand renfort de tableaux statistiques, mais en négligeant le fait que dans certains cas, les collaborateurs, découragés, ne travaillent qu'à 60 % ou 50 % de leur potentiel. Par ailleurs, tout ce qui n'est pas susceptible de faire l'objet de mesures sera systématiquement négligé ; de cela, résulte une multiplication des « coûts cachés » dont l'existence est ignorée des dirigeants, mais dont la réalité est évidente pour ceux qui sont sur le terrain et qui parlent de « gaspillages ».

Les « effets pervers » se multiplient alors. Prenons l'exemple d'un groupe de presse dont le souci de réduire le coût des fournitures de bureau a conduit à établir une liste précise de celles dont la commande est autorisée. Avec un tel système, une personne en charge de montages minutieux ne pourra se procurer les rouleaux de scotch double face dont elle a absolument besoin pour travailler, à moins d'en faire la demande, laquelle sera ensuite transmise au siège social situé à l'étranger ! La vie des entreprises fourmille ainsi d'absurdités qui constituent autant de sources de retards, de complications au quotidien et d'irritations pour les collaborateurs. Les sommes épargnées sont alors proportionnelles aux dysfonctionnements qui en résultent, mais dont le coût n'apparaît pourtant nulle part.

Une question d'efficacité : résister à la dérive bureaucratique

Les excès du *reporting* s'agrémentent souvent de dénominations prétentieuses inventées par des professeurs de gestion ou des consultants qui bâtissent leur notoriété sur leur créativité linguistique, sinon sur leur connaissance des réalités du terrain. Prenons ici l'exemple d'une entreprise internationale dans laquelle toute innovation, même mineure, est subordonnée à une procédure longue et parfaitement bureaucratique, mais dont l'existence se justifie sous l'appellation pompeuse de « TQMS ». Comment venir à bout de tels excès, dont le coût n'apparaît pas directement dans les comptes bien qu'il soit parfaitement réel ? On se contentera ici de quelques pistes d'action :

- Ne pas confondre l'économie réelle et celle qui figure dans les rapports. Autrement dit, il convient de ne pas oublier que la carte ne rend qu'imparfaitement compte de la réalité du territoire. Les comptes les mieux tenus sont nécessairement réducteurs et ne rendent pas compte de la complexité du réel. Ils ne sont qu'une forme de discours, lequel rend compte des préoccupations de ceux qui le tiennent au moins autant que ce qu'il désigne.

- Communiquer sur le bien-fondé des informations exigées. Ceci suppose de ne pas réduire l'information dont les salariés ont besoin pour donner sens à leur activité à une simple documentation professionnelle ou à de simples directives transmissibles par les NTIC. La nécessité de justifier les *reportings* exigés par le siège pourra amener ce dernier à se rendre compte que nombre de tableaux statistiques sont peut-être inutiles ou qu'ils répondent à des préoccupations qui ne sont plus d'actualité. À quand le *reporting* ou les procédures biodégradables ?

- Les procédures sont liées à une tendance à la centralisation et au souci de surveiller afin de récompenser les uns et de punir les autres. Cette démarche, semblable à celle du « Panoptique », ne saurait être considérée comme la meilleure forme de gouvernance dans une société complexe. En effet, elle nie le caractère fertile d'une diversité des approches et interdit les formes décentralisées d'adaptation aux réalités locales, sinon pour transgresser les injonctions venues d'« en haut ». L'uniformité conduit à la routine et à la mort. La créativité ne saurait se couler dans la rigidité des protocoles et des procédures. Il convient de ne pas oublier que l'innovation a toujours été le résultat d'une transgression. C'est donc elle qu'il faut encourager et non pas les contrôles et les audits de conformité, quelle que soit leur utilité par ailleurs.

Chapitre 8

Les causes
du désengagement des seniors

Face au vieillissement de la population active, les conditions d'emploi des seniors font aujourd'hui l'objet de toutes les attentions. Mais paradoxalement, nombre d'entreprises s'emploient à les faire partir. Ceci s'explique d'une part par la nécessité de procéder à une réduction des effectifs, et d'autre part par la réputation qu'ont souvent les seniors de coûter plus cher et d'être moins performants que les jeunes.

Il est fréquent que les seniors tiennent un discours désabusé et pessimiste sur l'entreprise où ils travaillent parfois depuis de longues années. De ceci résulte un constat flagrant : un fossé s'est souvent creusé, d'une part entre les seniors et les jeunes, d'autre part entre les seniors et l'entreprise, désormais animée par des jeunes. Ce fossé se traduit par un discours critique de la part des jeunes envers le comportement des seniors, et par un discours pessimiste des seniors lorsqu'ils évoquent l'évolution de leur cadre de travail et le comportement des plus jeunes.

Les seniors vus par les jeunes

Les anciens donnent souvent aux jeunes une image peu flatteuse d'eux-mêmes. Ceci s'explique tout d'abord par le fait que leurs références se limiteraient souvent à l'entreprise où ils ont accompli toute leur carrière. Ils auraient ainsi du mal à admettre que le monde a changé et se montreraient peu aptes à évoluer.

> Les gens, ici, ne savent pas comment ça se passe à l'extérieur.
>
> Ici, pour décaler un repos, c'est une montagne, ils ne sont pas ouverts.
>
> Beaucoup de gens, ici, n'ont pas connu d'autre entreprise. Ils y sont rentrés pour rester jusqu'à la retraite. Pendant 25 ou 30 ans, ils ont fait le même métier, certains n'ont même jamais cherché à changer de poste, ni à s'adapter à autre chose. Il n'y a pas eu de remise en cause. La fusion les oblige à se poser des questions et pour certains, l'adaptation sera difficile. Par exemple, ils sont paralysés à l'idée d'avoir à travailler sur un nouveau logiciel, certains sont complètement bloqués. Par contre, pour d'autres, le changement représente une opportunité.
>
> On est confronté à une population d'OP quinquagénaires, avec une culture spécifique. Pour eux, leurs acquis se dégradent, ce n'est plus comme avant. Le local de la maintenance était appelé « le parquet-salon », ils étaient les rois de l'usine et en 5 ans, ça a disparu. Mais c'est toujours dans la tête des OP. Il y a une solidarité exceptionnelle entre eux, ils étaient les tout-puissants et cette puissance, ils sont en train de la perdre et de s'en apercevoir.
>
> Certaines anciennes prennent l'entretien annuel pour une formalité et ne comprennent pas pourquoi elles ne sont pas mieux jugées. Elles n'ont pas changé dans leur tête. Elles n'ont fait qu'un métier et quelquefois qu'un secteur. Elles n'ont jamais connu autre chose, c'est difficile pour elles de changer.

Par ailleurs, les seniors auraient tendance à considérer les nouvelles prescriptions qui leur sont imposées comme des exigences insupportables et auraient du mal à renoncer à leurs habitudes, cherchant en permanence à justifier leur bien-fondé. Il en résulte des relations difficiles avec les jeunes.

> Les anciennes, il ne faut pas trop les changer, elles ont leurs habitudes et sont vite perturbées mais elles connaissent bien leur travail. Mais il y a aussi celles à qui on ne peut rien changer : « C'est comme ça depuis 20 ans et je ne changerai rien ».

Il y a peu de jeunes sur le rayon, les anciennes voudraient décider par elles-mêmes. La mise en place de l'organisation actuelle a été difficile car elles refusent toute remise en question, elles sont parfaites.

Les anciens, ils sont plus kamikazes que nous. Ensuite, nous les jeunes, il faut faire comme eux, sinon on passe pour des fainéants.

Il y a eu pas mal de renouvellement avec des départs en retraite. Maintenant, c'est plus équilibré. On avait du mal à communiquer avec les anciens, on ne pouvait pas toujours leur parler. Ils ne sont pas très ouverts, ils sont persuadés de savoir tout faire et de bien faire. Il y avait des choses que j'évitais de leur dire parce que je savais que ça ne passait pas.

De plus, les seniors auraient plus souvent tendance à se tourner vers les syndicats que les jeunes et se montreraient excessivement attachés à des avantages acquis que ces derniers estiment ne pas être toujours justifiés.

Certains anciens sont des fainéants qui se sont laissés embarquer par le syndicat.

Il y a beaucoup d'anciens qui sont syndiqués et qui ne « foutent rien ». Ici, quand il y a quelque chose qui ne va pas, c'est la grève. De la conscience professionnelle, certains anciens et certains jeunes en ont, mais il y en a beaucoup qui « s'en foutent ».

Il y a des pratiques liées à l'ancienneté, certains ne travaillent jamais le week-end ou la nuit par exemple. Les délégués se mettent en délégation.

Il y a peu de *turn over*, certains employés ne sont pas loin de la retraite. Ils n'ont pas évolué et ne sont pas prêts à bouger, ça crée un décalage entre les anciens et les nouveaux. Les anciens sont « blasés », ils n'en font pas plus que ce qu'ils connaissent, alors que les nouveaux ont de plus en plus d'exigences. Les jeunes mettent en cause les anciens, et les anciens, soit ils se taisent, soit ils se syndiquent alors qu'ils n'ont pas plus de pression que les jeunes.

Les anciens sont syndiqués et ils essayent de récupérer les nouveaux, mais ça ne marche pas forcément. Les jeunes sont moins concernés par les syndicats. Les syndicats, ce sont des anciens qui étaient déjà là à l'époque. Je ne discute pas trop avec eux parce qu'ils ne m'intéressent pas.

Enfin, les seniors manqueraient souvent d'enthousiasme et auraient également tendance à s'accaparer les tâches les moins pénibles et à laisser les autres aux jeunes.

Certains anciens sont flémards.

Il y a beaucoup d'anciens qui ont le pied collé au sol. Certains d'entre eux arrivent à démotiver les nouveaux : « Tu verras ce qui va t'arriver ». Ils ont peur de perdre leur place, donc des nouveaux. Ils profitent de leur position, ils ont la belle vie : moins on en fait, plus on est content. Mais heureusement, tous les anciens ne sont pas comme ça.

Les équipes de jeunes se donnent des coups de main, mais d'autres non. Certains anciens, quand ils sont derrière l'écran, ils y restent.

Les jeunes vus par les seniors

Si les jeunes ont parfois une image dégradée du comportement des anciens au travail, la réciproque est également vraie. Selon les seniors, les jeunes manqueraient de conscience professionnelle. Même très compétents, ils se contenteraient de faire leurs heures sans vraiment s'intéresser à leur travail.

C'est la génération 35 heures.

Chez les jeunes, il y a moins de motivation, du « je m'enfoutisme ».

Les nouveaux ne sont pas motivés ; ceux qui viennent 20 heures, ils se disent « Qu'est-ce que j'en ai à foutre ».

On a embauché énormément de jeunes, ça manque de personnes un peu âgées. Ils manquent de maturité, il y en a qui se foutent un peu de tout. Le soir, ils sont très pressés de rentrer chez eux, quand il y a la sonnerie, c'est une véritable fourmilière.

Les jeunes sont moins motivés qu'avant, on a l'impression que certains traînent des pieds. Il faudrait recadrer tout ça, notamment le respect des horaires, une fois de temps en temps.

C'est plus la même ambiance. On a toujours prôné une ambiance familiale, les jeunes arrivent avec une autre mentalité. Ils viennent travailler pour le salaire, ils disent : « On n'est pas assez payé ». Une fois leurs heures terminées, stop, on oublie la boîte. Ils ne se sentent pas impliqués, ça a une influence sur la mentalité des anciens.

Les jeunes arrivent avec un nouveau regard, ils n'ont pas l'esprit de l'entreprise et ne pensent qu'à l'argent. Ils sont malheureusement limités mais voudraient refaire le monde. Ils ne connaissent pas leurs limites et ne sauront jamais être autonomes. On a travaillé avec eux sur ISO pour les rendre autonomes, mais ils n'y parviennent pas. On les laisse seuls pendant une semaine, après, c'est la débandade. Ils ne savent pas, parfois, qu'ils ne sont pas capables de faire. Ils voudraient qu'on leur donne davantage de responsabilités, mais ils sont incapables de prendre des initiatives. Avant, chacun restait à sa place.

Les jeunes, ce n'est pas la même mentalité, ils ne cherchent pas vraiment à travailler, ça ne se jette pas sur le boulot. Aujourd'hui, si quelqu'un ne fait rien, on ne va rien lui dire. Ils attendent et quand ils ont fini leurs heures, ils s'en vont. Ça a beaucoup évolué, mais pas en bien.

Par ailleurs, les seniors considèrent qu'il n'en faut pas beaucoup pour que les jeunes se mettent en arrêt maladie.

Les jeunes, il y en a des très courageux, mais il y en a qui pour un rien se mettent en arrêt maladie. On ne peut pas mettre tout le monde dans le même sac, nous aussi, on a été jeunes.

Les jeunes ont moins de conscience professionnelle, c'est flagrant. Il suffit d'une réflexion et ils ne sont pas là le lendemain. Ils font leurs heures sans attendre la relève, il y a un peu de laisser-aller.

Pour beaucoup d'opérateurs, c'est la première expérience professionnelle. Ils n'ont pas de références à ce qu'est le monde du travail. Ils sont encore chez papa-maman, d'où un absentéisme injustifié. S'ils ont fait la fête, ils ne viennent pas le lundi. Si on leur fait une remarque désagréable, ils vous répondent. Ils ont des droits et pas de devoirs. Quand cette population va vieillir, on aura un autre discours.

De plus, les jeunes manqueraient d'ambition professionnelle aux yeux des seniors.

Les jeunes n'ont pas vraiment envie d'évoluer, ce qui les intéresse, c'est le salaire. Ils veulent plus sans pour autant donner de leur personne. Pour eux, il faudrait d'abord qu'on leur donne avant qu'ils ne donnent eux-mêmes.

Les jeunes veulent obtenir des choses sans les mériter. Les gens sont moins disposés à faire des efforts. Ils travaillent moins qu'avant, mais c'est déjà trop pour eux et les 35 heures n'ont rien arrangé. La conscience professionnelle, on ne la voit pas chez certains de nos employés. C'est au jour le jour, on ne sent pas d'ambition. La politique de promotion interne, qui est forte, ne motive pas forcément les nouveaux venus, beaucoup d'entre eux sont un peu inertes.

Les jeunes semblent également davantage penser à leur intérêt qu'à celui de l'entreprise. Ils voudraient tout obtenir immédiatement,

par opposition aux anciens qui envisageaient leur carrière sur la durée de leur vie professionnelle.

Ce qui a changé, c'est les mentalités. Les gens sont plus exigeants. C'est rien pour rien, ils veulent tout sans donner.

Le jeune qui sort de l'école, il s'imagine qu'il va travailler avec une cravate. Manque de chance, ce n'est pas ça le travail. Ils pensent d'abord à eux-mêmes avant de penser à l'entreprise.

Les jeunes veulent tout immédiatement. Il y en a un qui était rentré au bureau de la CGT, il s'est fait virer en 3 mois : trop vindicatif, il roulait trop pour lui et remettait en cause des choses que les anciens jugeaient normales parce que c'était le résultat de leur action.

Les jeunes ne voient pas les choses pareil. Ça va, mais il faut leur laisser le temps de s'adapter. Ceux qu'on a actuellement, ils bossent. Au bout de quelques années, ils voudront faire autre chose, mais c'est difficile. J'ai l'impression qu'il leur faut tout immédiatement.

Enfin, certains anciens, syndiqués, considèrent que les jeunes manquent de « conscience politique », de pugnacité quand il s'agit de défendre les intérêts des salariés.

Les nouveaux n'ont pas de conscience politique. C'est une question d'âge, ils sont naturellement individualistes.

Les gens d'aujourd'hui ne sont pas révoltés intellectuellement. On les a formés pour qu'ils s'abstiennent de toute critique. Le jeune qui vient ici n'est pas là pour sa possibilité d'expression mais parce qu'il sait qu'on ne va pas l'embêter. Au-dessus, il y a des bureaux qui font tout à votre place, qui prennent toutes les décisions, même s'ils se plantent.

La nostalgie du passé

Certains anciens vivent dans la nostalgie du passé et de ce qu'était autrefois l'entreprise où ils ont toujours travaillé. Ils en regrettent la convivialité et l'esprit familial. À leurs yeux, l'entreprise est devenue plus anonyme, il y a moins d'occasion de contacts, le travail et l'effort y sont moins reconnus, le travail moins varié et les consignes viennent brider l'autonomie individuelle. L'entreprise telle qu'ils la voient évoluer n'est plus « leur » entreprise, celle qu'ils ont connue, où ils se sentaient bien. À les entendre parfois, « avant, c'était bien mieux ». Comble du paradoxe, un syndicaliste en vient ainsi à regretter le temps où « on ne comptait pas ses heures ».

Selon certains jeunes, les anciens s'accrocheraient à une image de l'entreprise qui ne correspond plus à ce qu'elle est aujourd'hui.

Les anciens ont la nostalgie du passé, ils ont tendance à critiquer le changement.

Les gens vivent encore sur une image ancienne. On a le sentiment qu'ils s'accrochent à quelque chose qui est en danger et qui est leur raison de vivre. Que peuvent-ils faire d'autre au bout de 25 ans ?

Les anciens disent que c'était mieux avant, ça revient souvent : le salaire, les conditions de travail, les effectifs, les rapports avec la direction… Je n'ai jamais entendu d'anciens parler avec beaucoup d'enthousiasme des évolutions. Ils se plaignent, mais ils restent.

Avant, on était plus nombreux. Aujourd'hui, on me demande de plus en plus de choses. Le travail était plus intéressant, maintenant on n'a plus le temps.

L'entreprise, par rapport à ce que les anciens ont connu, est devenue une grosse machine anonyme.

Il y a eu l'époque euphorique du lancement. C'était un challenge, il a fallu donner sans compter et ça a réussi. C'était une petite équipe, il y avait beaucoup de problèmes à régler. Chacun apportait son idée, il n'y avait pas de barrière. Aujourd'hui, il y a moins de contacts directs, c'est une machine un peu grosse.

J'ai connu les fondateurs. Ils étaient présents, ce sont eux qui ont inventé, qui ont innové. Aujourd'hui, il y a de bons gestionnaires, mais moins proches de nous. L'ambiance a changé ; mais c'est encore une bonne entreprise. Il y avait plus de respect pour le personnel, on n'oubliait pas de l'augmenter du coût de la vie, qui était calculé à partir d'un cocktail d'indices INSEE et CGT.

On a commencé à moins de 100 personnes, c'était très convivial. On s'est tous investi, ça a duré 2 ans. Après, ça a évolué très vite. Les effectifs ont progressé et au fil des années ça s'est détaché, il y a eu moins de solidarité entre les uns et les autres. Ça allait tellement vite qu'on n'avait pas le temps de nous présenter les nouveaux. Certaines personnes qui travaillent à 3 mètres de nous ne nous ont pas été présentées. Aujourd'hui, il y a une présentation par la messagerie avec une photo de la personne.

À les entendre, l'ambiance serait aujourd'hui moins conviviale, moins chaleureuse, moins « familiale », que celle qu'ils ont connue quand ils sont arrivés dans l'entreprise.

Avant, tout le monde se connaissait. Aujourd'hui, beaucoup de jeunes, ils ne nous diraient pas bonjour.

On n'est plus dans la même maison, il n'y a plus la même camaraderie, la même fraternité. Il n'y a plus de dialogue, la hiérarchie est beaucoup plus forte. Il y a moins de débats, de liberté d'idées. L'information ne monte plus, il n'y a plus de convivialité.

L'ambiance a changé, c'est moins convivial. La conjoncture est différente, on trouvait plus facilement du travail avant. L'ambiance s'est également dégradée au niveau de l'encadrement : ils sont trop chiffres et pas assez humains, ils ne sont pas à l'écoute et sont fermés.

Avant, c'était plus chaleureux, comme une petite famille. On ne regardait pas l'heure à laquelle on partait, on faisait le travail, pas un horaire. Si le camion arrivait en retard, on le chargeait quand même. On avait un système de modulation : quand on n'avait pas de travail, on partait 2 ou 3 heures avant et quand il y avait du travail, on restait. Maintenant, les gens partent à l'heure, travail fini ou pas. On avait l'impression de travailler plus pour nous, maintenant les gens s'intéressent moins à leur travail. Avant, il n'y avait pas de syndicat. Aujourd'hui, si on leur demande de rester, elles vont aller voir le syndicat.

L'ambiance entre collègues s'est détériorée. Les effectifs ont été réduits, on a moins de temps à passer avec les collègues, on a plus le « nez dans le guidon ». On ne sait plus bien ce que fait le collègue, ça crée de l'incompréhension. On n'a même plus le temps de parler des vacances en revenant.

Par ailleurs, il y aurait moins de fêtes qu'autrefois. Aujourd'hui, les gens viennent pour travailler puis ils s'en vont.

Les fêtes du magasin, la dernière n'a pas eu lieu car la participation était très faible.

Il y a quelques années, il y avait des fêtes assez sympathiques, c'était à la bonne franquette. Depuis quelques années, il y a une espèce de rupture, il y a de moins en moins de gens qui s'y intéressent. C'était plus chaleureux avant, une espèce de famille.

Les seniors face au changement

Certains seniors auraient également tendance à envisager le changement d'une façon purement négative. Ils manqueraient d'ouverture d'esprit, auraient du mal à envisager les choses d'un œil neuf et à se remettre en question, à sortir de la routine.

Ils sont restés trop longtemps à la même place.

Il y a de la routine, ça commence à se scléroser.

Les agents sont peu mobiles, ils n'ont pas d'ouverture sur ce qui se passe ailleurs et vivent en vase clos. Ils sont dans un monde dans lequel ils ne voient pas forcément ce qui bouge dans l'entreprise. Leur culture est une culture de la méfiance.

La plupart ont une vingtaine d'années de poste et ne savent pas comment déboucher. Ils n'ont pas moyen de changer, pour eux, c'est une impasse.

Ce sont les gens dont on a eu besoin il y a 30 ans qui ont fait le système. On leur est redevable, mais ça pose des soucis. Il y a des tiraillements entre passé, présent et avenir et c'est vrai à tous les niveaux.

De plus, certains d'entre eux, sans l'avouer, auraient peur des exigences ou des technologies nouvelles face auxquelles ils se sentiraient médiocrement préparés.

Les gens ne sous-estiment pas le changement mais ils en ont peur.

Les anciens sont dépassés, ce n'est plus la vanne qu'on manie à la main mais des automatismes.

Certaines personnes qui sont là depuis 20 ans ne veulent pas changer de poste car les autres installations sont trop compliquées.

Pour les anciens, il y a un problème d'adaptation aux nouvelles méthodes.

Il en résulterait des divergences fréquentes de points de vue et des tensions entre les jeunes et les anciens.

Les nouveaux arrivants ont beaucoup de mal à faire avancer les choses, le hérisson se replie sur lui-même.

Il y a peu de jeunes sur le rayon, les anciennes voudraient décider par elles-mêmes. La mise en place de l'organisation actuelle a été difficile, elles refusent toute remise en question, elles sont parfaites.

Entre jeunes et anciens, ça se passe plutôt bien, mais il peut y avoir des blocages. Les nouvelles méthodes, ça fait un peu peur aux anciens, ça change leurs habitudes de travail et ils se sentent un peu dépassés.

Les nouvelles veulent améliorer les choses mais elles se heurtent aux anciennes, qui ont gardé leur vieux système de travail. Elles râlent sans essayer. Les anciennes ont du savoir-faire, mais la courtoisie, le respect, la politesse, non. Elles ne disent même pas bonjour au client.

Les seniors et le renouvellement des équipes

La coopération entre les jeunes et les anciens est loin d'aller de soi et se traduit fréquemment par des frictions. Lorsque les jeunes sont minoritaires, ils seraient souvent obligés d'adopter les us et coutumes des anciens pour se faire admettre dans l'entreprise. Parfois, ils éviteraient de se mélanger, leurs façons de voir les choses étant sans doute trop différentes pour qu'ils puissent aisément communiquer, et les jeunes se plaignant de la force des réseaux d'anciens auxquels il peut arriver qu'ils se heurtent.

Jeunes et anciens entretiennent parfois des relations tendues, sinon conflictuelles, compte tenu d'un état d'esprit très différent.

Le langage des anciens n'est pas celui des nouveaux.

Les anciens ne connaissent pas d'autre entreprise et ont des difficultés à comparer. Il y a deux mentalités qui s'opposent : les anciens ont du mal à s'adapter à l'évolution des conditions de travail, et les jeunes ont plus de plaisir à changer.

Il y a des tensions entre les anciens et les jeunes, qui travaillent sur de nouveaux produits et de nouveaux marchés. Le risque est celui d'une démobilisation des nouveaux et un départ des plus dynamiques.

Les jeunes et les anciens, ça dépend. Les jeunes sont parfois mal vus par les anciens qui font leur boulot sans s'impliquer. Ils n'ont plus envie de s'expliquer, l'expérience les a rendus défaitistes.

Les anciens et les nouveaux ont des relations bizarres : parfois ils sont d'accord, d'autres fois non, selon que ça les arrange ou pas.

Certains anciens ne veulent pas changer de travail. Les jeunes, eux, ont tendance à aller vers plus de polyvalence.

Aujourd'hui, on embauche des gens qui viennent d'autres entreprises et qui ont mémorisé d'autres pratiques. Certains jouent un rôle moteur, ils ont une perception des choses différente de celle des anciens. Ils intègrent le risque du chômage et se préoccupent de maintenir leur niveau de compétence ce qui les conduit à être favorables à la polyvalence, ce qui n'est pas le cas des anciens. Il y a aura de plus en plus de demandes de CIF et de VAE.

Il arrive également que les anciens redoutent à la fois le niveau de compétence professionnelle des jeunes et leur volonté de prendre leur place.

Il y a une crainte des anciens face à l'arrivée des nouveaux. Ils craignent qu'ils leur prennent leur place car ils sont d'un niveau plus élevé.

L'ambiance se dégrade, il y a des gens qui sont proches de la retraite et des jeunes loups qui ont tendance à écraser les anciens et à les mettre au placard. Il y a un conflit de génération.

Les jeunes et les anciens, c'est un sacré problème. Pour changer les mentalités, il faut se lever tôt ! Il y a eu beaucoup d'arrivées, mais les anciens ne voient pas ça d'un bon œil, ils supportent mal que des jeunes prennent des postes à responsabilités. Il n'y a pas beaucoup de contacts, c'est volontaire et ça vaut mieux.

Par ailleurs, les anciens ne se mélangent pas beaucoup avec les jeunes. Ils restent entre eux, essayent de garder les « bons boulots » pour eux et ne transmettent pas toujours leur savoir-faire.

Il n'y a pas de volonté de transmettre.

Il y a une mauvaise ambiance dans mon service. Pour les anciens, les nouveaux sont nuls. Il y a de vieilles histoires, des rumeurs, des jugements sur les personnes, des critiques qui mettent en cause certains encadrants… On n'aide pas les nouveaux à s'intégrer. Un timide ne s'intègre pas, il faut savoir s'imposer. Les anciens « trustent » les bons créneaux et les bons boulots. Il n'y a pas de communication, il faut expliciter les non-dits et mettre les problèmes sur la table.

De plus, quand ils le peuvent, les anciens essayent de faire adopter aux jeunes leur façon de voir les choses.

Les jeunes sont immédiatement pris en main par les anciens, c'est de la manipulation.

Les jeunes doivent entrer dans le moule. On les oblige à faire grève, sinon ils se font exclure.

Les anciens et les nouveaux, ça ne se mélange pas beaucoup. Les anciens, ils veulent toujours attirer les nouveaux vers le mouvement syndical et les braquer contre l'entreprise.

Les jeunes, pour une partie d'entre eux, adoptent vite le comportement de leurs aînés. Ils se font absorber par leur environnement professionnel. Ils arrivent avec une ouverture d'esprit, mais au bout de quelques années, ils raisonnent selon les schémas traditionnels.

Les points forts des seniors

Malgré tous les défauts qui leur sont reprochés, les seniors n'en ont pas moins des qualités qui sont précieuses pour l'entreprise :

- ils apporteraient de la stabilité aux équipes de travail ;
- malgré leurs réticences face au changement, on pourrait compter sur eux ;
- ils s'investiraient davantage dans le travail que ne le font certains parmi les jeunes ;
- ils auraient l'expérience du produit, des clients et des situations délicates à gérer.

La présence des anciens est nécessaire, ils ont la mémoire du produit.

Les anciens n'ont pas le même rapport avec les jeunes qu'entre eux. Il n'y avait pas autant de désinvolture chez les anciens, les gens étaient plus respectueux, plus investis dans leur travail.

Ce sont les anciens qui vivent le plus mal les changements actuels. Les jeunes ont pris le pli, mais ils sont plus sournois. Les anciens sont plus rustiques, mais on peut finalement compter sur eux. C'est très important de les dynamiser, de les rendre acteurs, mais on en est loin. Ils se comportent comme de bons exécutants et on a du mal à les en sortir.

Il y a un manque de motivation des jeunes. Les anciens ont un acquis de conscience professionnelle, le savoir-faire part avec les anciens.

Les gens qui ont travaillé ici depuis longtemps, ils ne sont peut-être pas aussi rapides que les jeunes, mais ils ont le respect du travail. Certains ont peur de partir à la retraite.

Apprendre à travailler avec les seniors

Globalement, ces différents points de vue donnent une image des seniors qui n'est pas à leur avantage et font oublier leurs qualités. Ils semblent ainsi hostiles au changement et davantage tournés vers un passé qu'ils tendent à idéaliser que vers un avenir qu'ils paraissent redouter et qu'ils critiquent *a priori*. On se souviendra toutefois que ces points de vue ont été exprimés dans des entreprises qui, pour la plupart, traversaient une période de tensions sociales ayant motivé une enquête d'opinion interne. La question qui se pose alors est donc la suivante : Comment travailler avec les seniors ?

Les problèmes rencontrés peuvent s'interpréter comme le résultat de carences en matière de management. Prenons le cas de jeunes salariés qui travailleraient pendant quelques dizaines d'années dans une entreprise sans aucune perspective sur l'extérieur et sans possibilités de formation. Imaginons ensuite qu'ils soient soumis à des changements brusques sans qu'ils aient été associés à leur préparation et sans qu'ils aient pu se rendre compte par eux-mêmes de leur urgence. Il est presque certain que cela générera des réactions d'opposition. Les relations avec les seniors constituent donc un problème de management qui doit s'envisager sur du long terme. Il faudrait :

- leur permettre de s'ouvrir sur ce qui se passe à l'extérieur de l'entreprise et sur les grands changements auxquels celle-ci doit faire face ;
- maintenir en alerte leur esprit d'ouverture, leur créativité, leur aptitude à faire face à des situations imprévues, éviter qu'ils ne s'installent dans le confort des certitudes définitives ou d'une rente de situation qu'ils n'abandonneront qu'avec peine ;

- les associer au changement en faisant en sorte qu'ils se l'approprient et qu'ils y contribuent grâce à leur expérience et au recul que celle-ci est susceptible de leur permettre ;
- mixer les équipes en permanence et de façon aussi équilibrée que possible afin « d'associer l'enthousiasme des jeunes et la sagesse des anciens » et donner à ceux-ci une possibilité de transmission de leur savoir-faire tout en le renouvelant au contact des jeunes.

Ceci nécessite ainsi un management envisagé sur la durée. Cependant, l'entreprise vit de plus en plus dans l'instantané et dans la perspective de résultats qui doivent être immédiats. De ce point de vue, le malaise des seniors traduit peut-être le fait que quelque chose ne va pas dans la façon dont sont conduites les entreprises, compte tenu des pressions financières qui s'exercent sur leurs dirigeants.

Chapitre 9

Les managers intermédiaires : entre le marteau et l'enclume

Par « managers », on entend ceux des salariés - cadres ou non cadres - qui sont en charge d'animer une équipe de travail et qui exercent donc une autorité hiérarchique sur un nombre plus ou moins élevé de collaborateurs. Pour son équipe, le manager, par le jeu de la délégation de responsabilité, représente donc la direction de l'entreprise. Aux yeux des salariés, ses initiatives représentent en revanche la mise en œuvre concrète des orientations décidées par la direction.

Par conséquent, il serait logique que le manager, dans l'exercice de son autorité, se sente pleinement en accord avec ces orientations. Or, c'est loin d'être toujours le cas. Le manager ignore souvent les tenants et les aboutissants des directives qu'il lui faut appliquer. Il peut même arriver au contraire qu'il soit en parfait désaccord avec elles. Ceci explique alors le malaise qu'il peut ressentir lorsqu'il lui faut imposer à ses subordonnés des consignes qui, à ses propres yeux, sont inutiles, discutables ou dépourvues de sens.

Ainsi, qu'il regarde vers le haut (la direction) ou vers le bas (ses collaborateurs), le manager se trouve fréquemment dans la situation d'un intermédiaire malheureux. Le malaise qu'il éprouve est alors légitime et, bien entendu, se ressent dans l'ambiance régnant au sein de l'équipe.

Un fossé de plus en plus profond entre directeur général et managers intermédiaires

Managers et *workers* : la terminologie américaine désigne clairement une distinction entre « cols bleus » et « cols blancs ». Traditionnelle-ment, il en allait de même en France entre les cadres et les non-cadres, ouvriers ou employés. En cas de conflit, les cadres étaient nécessairement du côté de la direction. Pourtant, cette distinction est devenue plus floue avec la multiplication des experts et des services fonctionnels. Le cadre a cessé d'être nécessairement un manager ayant en charge une équipe. Parallèlement, avec l'accroissement de la taille des entreprises, la ligne hiérarchique s'est démesurément allongée : il existe parfois plus d'une dizaine de niveaux entre le CEO de la société mère et le chef d'équipe de tel établissement de telle filiale. Il en résulte l'apparition d'un second fossé, parallèlement à celui existant déjà entre cadres et non-cadres, à savoir un fossé entre les managers de proximité et la direction.

Sur le terrain, le manager de proximité se reconnaît de moins en moins dans les orientations et les consignes qui lui viennent de la direction générale et dont il subit les conséquences tout comme ses collaborateurs. Ceci s'explique par les raisons suivantes :

* Le manager de proximité ne connaît pas les membres de la direction, les dirigeants de grandes entreprises se déplaçant

rarement dans les établissements dans lesquels s'exerce leur autorité, même indirectement. Ceci est d'autant plus vrai lorsqu'il s'agit de filiales ou de sites implantés à l'étranger.

- Leur formation est différente : le cadre dirigeant, surtout en France, est issu d'un cursus *ad hoc* tandis que le manager de proximité est quant à lui souvent issu de la promotion interne. Il en résulte que leurs référentiels sont complètement différents.

- Leur horizon est également différent : le cadre dirigeant raisonne « global » alors que le manager de proximité pense « local ». Sa préoccupation est alors de savoir comment mettre en œuvre des décisions qu'il subit sans nécessairement en connaître tous les tenants et aboutissants.

- Le manager de proximité est souvent peu mobile du fait qu'il est « lié » à l'établissement dans lequel se déroule sa carrière. Le cadre dirigeant, en revanche, est beaucoup plus mobile. Le premier situe - ou tente de le faire - son action sur la durée alors que le second partira peut-être avant de voir les conséquences des décisions qu'il aura cherché à imposer.

Ces différences se traduisent fréquemment par des difficultés à surmonter, des habitudes à bousculer ou des contraintes supplémentaires que le manager de proximité va devoir expliquer à ses collaborateurs, sans avoir pu exprimer au préalable son point de vue et alors même qu'il en voit tous les inconvénients. Cependant, il le fera souvent en manifestant sa confiance en la justesse des décisions prises par la direction, même s'il n'en perçoit pas toutes les raisons. Toutefois, si cette confiance faiblit, il peut être tenté de se montrer critique et de faire cause commune avec ceux de ses collaborateurs qui en voient d'abord les conséquences négatives pour eux. Cette propension à faire cause commune avec eux sera d'autant plus forte que les changements seront plus lourds, motivés par des raisons moins compréhensibles mais aux conséquences plus désagréables pour les intéressés.

Les raisons les plus fréquentes du désengagement des managers intermédiaires

Comment faire appliquer par ses collaborateurs des décisions que l'on ne comprend pas soi-même, avec lesquelles on n'est pas d'accord et qui se traduisent par des conséquences négatives pour ceux qui auront à les mettre en œuvre ? Cette situation inconfortable est pourtant celle que vivent de nombreux managers de proximité. Face à cela, plusieurs réactions sont possibles : subir, se révolter ou se démettre. Subir en essayant de se convaincre du bien-fondé de mesures que l'on n'approuve pas est une attitude qui n'est pas facile quand il faut en même temps s'en expliquer auprès des autres. Se révolter n'est pas toujours possible, même si l'on y pense parfois, car les conséquences d'une telle réaction peuvent être lourdes au point qu'il paraît préférable de subir. Reste alors la dernière attitude possible : faire profil bas, amortir la portée des décisions que l'on a à mettre en œuvre, se joindre discrètement aux autres pour critiquer la direction. C'est plus ou moins le comportement qu'adoptent un grand nombre de cadres intermédiaires : le désengagement.

Les audits de climat social menés auprès de populations de salariés incluant des managers de proximité montrent ainsi qu'un certain nombre « d'irritants » sont susceptibles de générer une telle réaction :

* *L'éloignement des centres de décision*[1]
  Plus la décision est prise loin des conditions pratiques de sa mise en œuvre, plus elle risque de se heurter à la réalité et de paraître inappropriée, sinon maladroite. Il est fréquent que les managers aient ainsi à contribuer à l'application de directives ou de procédures qui peuvent, à tort ou à raison, leur sembler absurdes, tout comme pour leurs collaborateurs.

---

1. Irritants empruntés au référentiel m@rs (Mesure et analyse du risque social) développé par SRM Consulting.

- *L'absence de reconnaissance pour le travail accompli*
  Les managers de proximité accomplissent souvent un travail ingrat et difficile au quotidien. Ils ont le sentiment que leur rôle n'est pas reconnu à sa juste valeur, qu'ils ne sont pas écoutés et qu'ils n'ont rien à attendre de leurs efforts, que ce soit en termes de rémunération ou en espoirs de promotion.

- *L'incapacité à présenter un projet mobilisateur*
  La direction générale s'exprime souvent en des termes abstraits, qui correspondent à sa problématique, mais non à celle des personnes auxquelles s'adresse son discours. Les managers sont alors invités à retransmettre ce discours et à en justifier le bien-fondé alors qu'eux-mêmes sont loin d'y adhérer et que leur point de vue serait plutôt critique.

- *Le manque de cohérence visible de la direction*
  Les dirigeants sont souvent persuadés de ce que leurs zizanies ou leurs luttes d'influence passent inaperçues aux yeux de tous, ce qui n'est évidemment pas toujours le cas. Il en résulte une atmosphère délétère qui oblige les managers, soit à prendre partie en faveur de l'une ou l'autre des factions rivales, soit à se mettre en *stand by* afin de préserver l'avenir quoi qu'il arrive.

- *L'absence d'une visibilité suffisante quant à la politique suivie*
  Les enquêtes de climat social révèlent que l'encadrement intermédiaire est souvent loin de connaître, ne serait-ce que dans leurs grandes lignes, les orientations générales de l'entreprise, et ceci tout en étant invité à adopter une attitude proactive. Il en résulte une situation de double contrainte extrêmement difficile à vivre : Comment affirmer son autorité quand on en sait moins que le délégué syndical que l'on a dans son équipe ?

- *Les informations générales insuffisantes*
  Un fossé s'est souvent creusé entre le siège social et les équipes de terrain, lesquelles ne sont pas informées des événements importants de la vie de l'entreprise. On apprendra, par exemple,

l'arrivée d'un nouveau directeur général principalement par les bruits de couloirs… Face à une telle situation, il est impossible pour les managers de placer leurs initiatives dans un cadre plus large qui leur donnerait du sens et leur permettrait de les justifier auprès de leurs collaborateurs.

* *L'incertitude quant aux intentions de la direction*
Les dirigeants estiment parfois ne pas avoir à s'expliquer sur des orientations qui leur paraissent évidentes mais qui sont loin de l'être pour quiconque ne dispose pas du même niveau d'information. Il en résulte une incertitude qui ne permet pas au manager de justifier le bien-fondé des directives ou des procédures qu'il doit faire appliquer.

* *Les changements imposés sans explications suffisantes du cadre institutionnel*
Qu'il s'agisse d'une délocalisation, d'une externalisation ou d'une filialisation, nombre de décisions sont lourdes de conséquences pour ceux qui les subiront et ne sont pas clairement expliquées alors que cela permettrait de les comprendre et donc de mieux en accepter les éventuels aspects négatifs.

* *Les querelles entre anciens et nouveaux*
Les problèmes liés à la différence de générations expliquent en grande partie les tensions qui existent au sein des entreprises. Comme mentionné précédemment, les relations entre les jeunes managers et des collaborateurs beaucoup plus âgés ou inversement, entre des managers seniors et des collaborateurs beaucoup plus jeunes, peuvent être sources de frictions dans la mesure où les uns et les autres ne se conforment pas aux mêmes modèles.

Les managers et leurs collaborateurs : la question de l'autorité

Bien souvent, le manager est à la fois mal à l'aise avec ses supérieurs hiérarchiques et avec ses collaborateurs. Il est fréquent qu'une telle situation soit liée à leur différence de génération et donc de références. L'ancien a souvent fait toute sa carrière au sein d'une seule et unique entreprise, qu'il considère alors comme « son » entreprise. Le jeune, au contraire, a souvent occupé plusieurs emplois, sa conception du travail et sa relation à l'entreprise sont alors différentes. Il n'est pas prêt à s'investir sans retour et vit sa relation avec l'entreprise en termes de « donnant-donnant ». De ce fait, le malentendu peut être complet : l'ancien juge le jeune comme un dilettante, alors que le jeune juge l'ancien trop fortement prisonnier de ses habitudes. Par ailleurs, s'ajoute à cela un point qui les sépare clairement : leur conception de l'autorité.

Cet exercice de l'autorité ne va pas de soi. Face à ses collaborateurs, le manager peut être tenté d'adopter deux attitudes contradictoires : affirmer son autorité, à la manière du « petit chef » intransigeant et sûr de lui, ou alors tenter de se faire accepter par une attitude de type « copain-copain ». Bien entendu, aucune de ces deux attitudes ne saurait aboutir à de bons résultats et à cela, d'autres problèmes s'ajoutent. En effet, le manager de proximité manque souvent de temps pour être au contact de son équipe. Il doit accomplir un certain nombre de tâches administratives qui l'accaparent énormément, notamment le respect des *reportings* imposés. Par ailleurs, il ne dispose pas toujours des informations dont il aurait besoin pour répondre à la curiosité légitime de ses collaborateurs. Face aux questions que suscite le devenir de l'entreprise, il se trouve au même rang qu'eux.

Le manager se trouve ainsi coincé entre le marteau et l'enclume. D'une part il ne se sent guère reconnu par la direction et d'autre part, il peine à se faire reconnaître par ses collaborateurs. Il en résulte une situation de porte-à-faux que chacun s'efforce d'assumer à partir de sa propre expérience de la vie. Ainsi « étranglé », l'encadrement intermédiaire peut être amené à manifester ouvertement sa mauvaise humeur ou du moins à adopter une attitude de désengagement qui est bien entendu hautement préjudiciable à l'efficacité globale de l'entreprise.

Chapitre 10

Les raisons du développement du stress au travail

Le stress semble aujourd'hui avoir été placé au rang des grandes causes nationales, au même titre que le tabagisme ou les accidents de la route. Pour preuve, le ministère du Travail, des Relations sociales, de la Famille et de la Solidarité envisage la création d'un indicateur national qui permettrait de mesurer le stress au travail tandis que les colloques sur ce thème se sont multipliés durant le premier semestre 2008.

Ce mouvement constitue une réponse à l'émotion suscitée par l'annonce de suicides sur plusieurs sites industriels. S'agissait-il de salariés fragiles ou victimes de difficultés d'ordre privé, ou alors est-ce l'organisation du travail qui doit être mise en cause ? Dans ce cas, la responsabilité de l'entreprise est engagée. Au-delà du débat d'experts, on comprendra les enjeux suscités par la question. Les témoignages des chapitres précédents laissent peu de doute quant à la réponse qu'il convient d'apporter à cette question : qu'ils soient plus ou moins résistants au stress et qu'ils puissent supporter des conditions plus ou moins stressantes, la multitude des situations rencontrées au sein d'une entreprise constitue autant de facteurs de stress potentiels.

Dirigeants et managers risquent ainsi d'être de plus en plus fortement interpellés sur le stress que génèrent leurs pratiques, qui se traduit par des dommages importants pour les personnes et par des coûts élevés pour la collectivité comme pour l'entreprise elle-même. Il n'est pas impossible que la Caisse nationale d'assurance maladie en vienne à exiger une surcotisation des entreprises identifiées comme étant les plus fortement génératrices de stress ou, au contraire, à accorder une « ristourne » à celles qui auront mené des actions préventives.

De l'évaluation de la charge mentale de travail à la dénonciation du stress

Les problèmes de l'entreprise et du travail font l'objet d'effets de mode. Ainsi, les années 1980 ont été marquées par la mode du management participatif, celle des cercles de qualité ou encore celle du projet d'entreprise ou du développement personnel. Dans les années 1990, il a plutôt été question de *downsizing* ou de *rein-geniering*. La conception humaniste de l'entreprise a ainsi laissé place à une conception financière, largement dictée par les fonds de pension américains qui s'étaient introduits dans le capital de grandes entreprises françaises à l'occasion de leur privatisation.

Cette conception financière, ayant pour effet de réduire la composante humaine de l'entreprise à une variable d'ajustement, a inévitablement suscité des réactions négatives de la part de tous ceux qui n'approuvaient pas cette dérive, que ce soit par idéologie ou parce qu'ils en voyaient les effets directs. Il y a d'abord eu la mise en cause de « la souffrance au travail » suite au livre éponyme publié par Christophe Dejours en 1999. Il a ensuite été

124

question de « harcèlement moral et sexuel », ce qui a conduit les pouvoirs publics à la promulgation d'un texte de loi. Souffrance au travail et harcèlement ont ainsi fait l'objet de multiples travaux et de multiples dénonciations. La question du « respect de la diversité » est ensuite apparue et finalement, voici venu le temps du « stress au travail ».

Pour s'affirmer, un tel mouvement de mode suppose de répondre à une demande suffisamment large et de s'appuyer sur un *corpus* théorique suffisamment consistant. On ne saurait donc le balayer. Si le thème du stress au travail suscite aujourd'hui un tel engouement, c'est évidemment parce qu'il correspond à quelque chose que vivent ou redoutent les salariés, et que les tragiques événements que représentent les récents suicides font écho à une réalité beaucoup plus étendue. Par ailleurs, le *corpus* théorique existe, et il n'est pas nouveau.

Dès le milieu des années 1970, le professeur Henri Savall a initié, avec la création de l'ISEOR[1], des travaux mettant en lumière les « coûts cachés » d'une organisation du travail déficiente. Selon lui, ces coûts peuvent dans certains cas s'élever à deux fois la masse salariale de l'entreprise. Il convient par ailleurs d'évoquer les travaux réalisés à peu près à la même époque sur la charge mentale de travail. La loi sur l'amélioration des conditions de travail conduit en 1973 à la création du CHSCT[2] et de l'ANACT[3]. Avec la fameuse grève des OS de l'usine Renault du Mans, les syndicats – et plus particulièrement la CFDT – dénoncent de leur côté la dégradation des conditions de travail et, au-delà de leurs revendications « quantitatives » traditionnelles, en exigent l'amélioration.

---

1. Institut de socio-économie, des entreprises et des organisations.
2. Comité d'hygiène, de sécurité et des conditions de travail.
3. Agence nationale pour l'amélioration des conditions de travail.

Mais désormais, c'est moins la charge physique qui est en cause que la charge mentale. Le passage de la ligne de production classique à des équipes autonomes, la recomposition des postes de travail, la responsabilisation des équipes, la démarche qualité, etc., se traduisent pour le travailleur par la nécessité de faire fonctionner non seulement ses muscles, mais aussi ses neurones. La charge mentale qui en résulte tendra ensuite à s'accroître dans de nombreuses entreprises sous l'effet de facteurs s'ajoutant les uns aux autres : travail plus intensif se cumulant avec la nécessité d'un strict respect des délais impartis, nécessité de prendre la responsabilité de décisions dans un environnement hautement contraint excluant le recours aux moyens qui paraîtraient nécessaires, absence de recours hiérarchique, confrontation aux multiples incivilités venues des usagers ou des clients… Et c'est ainsi que l'on en arrive à la problématique du stress.

Les salariés en situation de double contrainte

Cette évolution de la charge mentale de travail a fait l'objet de nombreuses mesures, réalisées à partir de référentiels conçus par les ergonomes. Les enquêtes laissent ainsi apparaître un nombre croissant d'entreprises ayant mis en place les dispositifs suivants : certification ISO ou EAQF et formalisation des procédures à respecter, production et livraison juste à temps, organisation en centres de profits assortis d'objectifs de résultats. Les salariés, toutes catégories confondues, sont également de plus en plus nombreux à avoir le sentiment de travailler dans l'urgence, d'une façon continue, alors que parallèlement ils ne disposent pas des moyens ou des appuis qui leur seraient nécessaires pour réaliser leurs objectifs.

Une telle évolution débouche de plus en plus fréquemment sur des situations de « double contrainte » (pour employer la terminologie de Bateson). Les salariés doivent à la fois aller plus vite et éviter les erreurs, atteindre leurs objectifs tout en s'accommodant d'une réduction des moyens mis en œuvre, être comptables de leurs initiatives tout en respectant des règles qui leur ôtent toute autonomie d'action, et ainsi de suite. La situation de double contrainte place l'individu dans une situation impossible (on connaît la célèbre formule : « Soyez spontané ») et pourrait conduire à la folie. Face à cela, plusieurs attitudes sont bien entendu possibles. Une première solution consiste à hausser les épaules et à refuser de se laisser enfermer dans ce genre de dilemme (« Si je devais respecter à la fois les exigences de mon chef de produit et celles de mon patron de zone, je ne pourrais pas y arriver. Conséquence : je fais ce que je veux, quitte à les mettre ensuite devant leurs incohérences »). On peut également adopter le comportement suivant : « Nous sommes inondés d'e-mails et comme je n'ai pas le temps de les lire, je les ignore, même s'il s'agit de consignes de sécurité, même si nous sommes sur un site classé Seveso ».

Encore faut-il que cela soit possible. En effet, il faut pour cela disposer d'informations qui permettent de se décider en connaissance de cause. Or, ceci est loin d'être toujours le cas. Par ailleurs, il faut que la décision ne soit pas liée à un risque insupportable pour celui qui la prend. Cependant, beaucoup de salariés craignent, en prenant une décision qui se révélerait ensuite ne pas avoir été la bonne, les conséquences susceptibles d'en résulter pour leur carrière et, plus immédiatement, sur leur emploi. Ils ne disposent donc pas des moyens de l'autonomie qui leur est supposée : manque d'information sur les enjeux et les priorités, manque d'une réelle possibilité de choix, manque de possibilités d'obtenir l'aide jugée indispensable, manque de précision des objectifs et des critères d'appréciation qui leur seront ensuite appliqués.

À noter que cette situation de double contrainte affecte des salariés qui n'ont pas nécessairement l'état d'esprit qui leur permettrait de s'en sortir sans trop de mal. Les plus respectueux de l'autorité hiérarchique et ceux qui manifestent le plus de conscience professionnelle sont souvent ceux-là même qui sont les plus fragiles. Ceux « qui s'en fichent » ne se posent pas de telles questions, quant à ceux qui sont animés d'un sentiment de révolte, ils n'ont pas de tels états d'âme. En revanche, celui qui veut absolument « y arriver », se prouver à lui-même qu'il est capable et ne pas décevoir ses chefs, risque vite d'être victime du stress.

Prédisposition personnelle et organisation du travail

On en arrive ainsi au débat qui oppose actuellement l'approche psychologique et médicale du stress et son approche socio-organisationnelle. Le stress est en effet la résultante de données psychologiques et médicales, de données sociologiques liées au mode de vie et de données organisationnelles liées à l'effort des entreprises pour améliorer leur productivité.

Nul besoin d'être psychologue pour affirmer que les personnes sont différemment armées face aux situations susceptibles d'être génératrices de stress. Certains anciens, par exemple, ayant été habitués à un monde stable et prévisible, peuvent se sentir mal à l'aise dans un contexte où l'incertitude tend à devenir la règle. De même, certains jeunes peuvent ne pas avoir la maturité qui leur permettrait de se montrer véritablement autonomes. On se contentera de souligner que le stress peut être lié à des changements auxquels les personnes ne sont pas ou peu préparées et qui ne bénéficient pas de l'accompagnement qui leur serait nécessaire.

Par ailleurs, les conditions de vie constituent sans aucun doute un facteur de stress. Il faut être à l'heure le matin pour conduire les enfants à l'école, attraper le train qui permet d'espérer arriver à l'heure au bureau, craindre en permanence la grève des enseignants ou des cheminots qui obligera à improviser une solution de dernière

128

minute, et ainsi de suite. La vie quotidienne de nombre de salariés s'apparente ainsi à une course contre la montre que le moindre imprévu transforme en une série de catastrophes en chaîne. Il a été médicalement établi que la façon dont les travailleurs supportent le travail de nuit est largement fonction de leur capacité à se reposer dans de bonnes conditions et à s'alimenter correctement. Plus généralement, les situations stressantes vécues au travail seront plus ou moins bien supportées selon que l'intéressé a ou non la possibilité de récupérer dans de bonnes conditions.

Le salarié se présente ainsi à son travail plus ou moins immunisé ou au contraire fragilisé face à la charge mentale et aux situations stressantes auxquelles il lui faudra faire face. Des listes de ces facteurs de stress ont pu être établies. On y trouve, par exemple, l'incertitude en ce qui concerne l'avenir et l'absence d'information sur les intentions de la direction de l'entreprise, l'absence de réponses aux questions, le sentiment de ne pas être reconnu dans son travail, l'absence de clarté des systèmes d'appréciation, l'existence d'ordres et de contre-ordres, le peu de disponibilité de l'encadrement ou encore l'absence d'une compréhension claire du mode de fonctionnement de l'entreprise et des exigences qui en résultent en termes de règles ou de procédures[1].

Indépendamment de l'état de santé des salariés, de leur équilibre psychologique ou de l'impact de leurs conditions de vie, ce sont là autant de facteurs de stress sur lesquels l'entreprise peut agir. En ce sens, on peut affirmer que l'entreprise ne saurait échapper à ce qui relève clairement de sa responsabilité, d'autant plus qu'elle a tout à y gagner. Les coûts cachés résultant d'une maîtrise insuffisante des facteurs de stress peuvent être extrêmement élevés. Lutter pour éradiquer ces facteurs constitue donc un investissement hautement rentable, que ce soit pour l'entreprise comme pour la collectivité.

---

1. *Cf.* référentiel m@rs des irritants sociaux développé par SRM Consulting.

Que peut faire l'entreprise pour réduire le stress ?

La première chose à faire consiste évidemment à identifier les causes de stress (voir plus loin), qui sont de deux ordres :

- *L'incertitude en ce qui concerne l'avenir*
  Les salariés sont demandeurs de sécurité, ils en ont besoin, d'une façon ou d'une autre, pour construire leur existence. Cependant, les entreprises sont de moins en moins capables de dire à leurs employés à quoi ils doivent s'attendre. Souvent, les dirigeants n'en savent rien eux-mêmes, compte tenu de l'environnement économique et technologique dans lequel ils évoluent. Mais il y a plus grave. Nombre de salariés ont le sentiment – à tort ou à raison – qu'on leur cache des choses. Il en résulte un sentiment de méfiance (« Ils savent, mais ils ne veulent pas nous dire, et s'ils ne veulent rien nous dire, c'est qu'il faut s'attendre au pire ») et la désagréable impression de vivre avec une épée de Damoclès au-dessus de la tête. L'angoisse qui en résulte est d'autant plus prégnante que l'on ne dispose d'aucun élément qui permettrait de s'orienter ou de faire face à cet inconnu. Ainsi, les salariés subissent les conséquences de décisions qui sont prises ailleurs en fonction de considérations qu'ils ignorent et qui excluent *a priori* la prise en compte de leurs intérêts. Ils se sentent alors « objet », potentiellement victimes, mais certainement pas maîtres de leur destin.
- *Le sentiment des salariés de ne pas exister aux yeux des dirigeants.*
  Il est demandé des choses impossibles aux salariés, mais ils ne reçoivent aucune reconnaissance en retour. Ils doivent atteindre des objectifs qui peuvent sembler hors de portée, mais ils ne peuvent compter sur aucune aide. Ils doivent faire face à des exigences contradictoires, mais sans disposer des critères de choix qui leur permettraient de se déterminer en connaissance de cause. Ils n'obtiennent pas de réponse aux questions qu'ils posent

ou se posent, et s'interrogent sur les raisons de ce silence. Dans ces conditions, comment ne pas être stressé ?

Au-delà de la charge mentale de travail, la progression du stress peut être considérée comme symptomatique d'un double déficit de gouvernance et de management. Les audits de climat social laissent apparaître que dans de nombreuses entreprises, les salariés n'ont nullement confiance en la direction, laquelle est soupçonnée de poursuivre des fins étrangères à l'intérêt des salariés. Ce soupçon est en partie la conséquence de réminiscences marxistes, mais il résulte aussi d'un déficit de communication entre les dirigeants et l'ensemble du corps social. Dans un contexte incertain, il est important pour l'équipage de savoir qu'il y a un patron à la barre, qu'il est compétent, qu'il sait où il va et qu'il agit dans l'intérêt de tous. Il importe donc que les principes qui guident les dirigeants soient clairement affichés, connus et respectés afin que chacun sache non seulement ce qu'il doit faire mais également pourquoi.

À cela s'ajoute un problème de management. Loin de la direction et compte tenu des urgences auxquelles l'encadrement doit faire face, de ses priorités d'action ou des moyens dont il dispose, les audits laissent apparaître dans certains cas un véritable délabrement. Certains aspects de ce déficit de management ont été évoqués au cours des précédents chapitres : absence d'information qui donnerait sens aux efforts exigés, entretiens annuels d'évaluation bâclés, augmentations de salaires décidées d'une façon perçue comme arbitraire, manque d'explications, tyrannie des *reportings* et des procédures…

Face à ces déficiences d'organisation, de communication et de comportement, les dirigeants peuvent être tentés de répondre par de « grands mots », soufflés par certains prestigieux cabinets de consultance. Qu'ils relisent *Guerre et Paix* de Tolstoï : à la veille du combat, le généralissime Koutouzov écoute les brillants propos

131

que tiennent les généraux autrichiens de son état-major et s'endort, alors que ceux-ci exposent par quels plans ingénieux il vont en finir avec ce « Buonaparte » à l'occasion de cette journée que l'Histoire retiendra comme la bataille d'Austerlitz. Il en sera autrement. À l'origine du désastre, la suffisance des grands chefs, les plans théoriques plus brillants que pratiques, le souci de paraître et les querelles de préséance, l'inattention portée aux conditions d'exécution, l'absence d'un mot d'ordre qui soit clair et propre à soutenir les énergies.

Chapitre 11

Comprendre les causes du désengagement : de l'enquête d'opinion à l'audit de climat social

Le degré d'engagement des salariés est aujourd'hui un facteur essentiel de leur performance. Inversement, leur désengagement peut coûter plusieurs dizaines de points de rentabilité à l'entreprise. C'est pourquoi celles-ci sont de plus en plus nombreuses à procéder à des enquêtes d'opinion auprès de leur personnel. Cette tendance s'explique tout d'abord par la faible fiabilité des informations qui remontent à la direction par le canal des représentants du personnel. Par ailleurs, l'encadrement est de plus en plus concentré sur les objectifs de résultats qui lui sont assignés et n'a souvent ni le temps ni la formation qui lui permettraient de capter les signaux faibles annonciateurs d'une altération du climat social.

D'où cette vogue des « baromètres sociaux » que proposent, notamment, les instituts de sondages. Reste à déterminer la valeur qu'il convient de leur accorder. La réponse à cette question doit être nuancée car leur élaboration n'est pas toujours très scientifique et les résultats qu'ils apportent ne permettent pas toujours d'embrayer sur des actions précises d'amélioration, d'où la déception de certaines entreprises. Par conséquent, il convient de distinguer clairement les simples sondages des véritables audits de climat social.

L'entreprise à l'écoute ? Les différentes sources d'information interne

La direction de l'entreprise, pour comprendre les réactions du corps social, dispose de plusieurs canaux de remontée de l'information :

- Tout d'abord, l'encadrement. L'information sociale peut être organisée de deux manières. La première consiste à aborder le sujet lors des réunions d'encadrement, mais l'expérience montre toutefois que ce canal n'est pas très productif. En effet, les cadres se concentrent davantage sur leurs objectifs de résultats que sur les « états d'âme » du personnel, sauf quand il s'agit de stigmatiser tel ou tel délégué. Ils sont toujours tentés de laisser croire que « tout va bien chez eux » et ils ne disposent pas d'outils d'analyse pour détecter et exprimer ce qu'il pourrait être intéressant de transmettre. C'est la raison pour laquelle, certaines entreprises ont mis en place un « observatoire social » fondé sur un réseau de « capteurs » chargés de guetter les « signaux faibles ». Il s'agit de la seconde façon de procéder. L'expérience montre là encore que de tels réseaux fonctionnent difficilement : ils sont lourds à gérer et débouchent vite sur des informations « politiquement correctes ».

* Le deuxième canal est celui des délégués du personnel dont le rôle consiste normalement à collecter les sujets d'insatisfaction de leurs mandants afin de les porter à la connaissance de la direction. Cependant, ils s'acquittent le plus souvent fort mal de ce qui constitue en théorie leur raison d'être. Leurs observations sont souvent polluées par des arrière-pensées correspondant à des considérations tactiques ou à des présupposés d'origine idéologique et ce qu'ils présentent est soit exagéré, soit anecdotique, donc sans grand intérêt.

* Enfin, un troisième canal est constitué par le « réseau RH ». Le directeur général chargé des ressources humaines réunit régulièrement les DRH ou RRH locaux, ce qui lui permet à la fois de diffuser les directives relatives à la mise en œuvre de la politique sociale de l'entreprise et de recueillir leurs observations sur le climat social dans les différents établissements ou filiales. Les RRH soutiennent ainsi les chefs d'établissement lorsque ceux-ci sont confrontés à des difficultés locales. Ce réseau RH peut être très efficace, surtout si l'entreprise est constituée de petits établissements géographiquement dispersés où les chefs d'établissement peuvent éprouver un sentiment d'isolement face à la dimension sociale de leurs responsabilités.

À cela s'ajoutent les statistiques sociales que collecte l'entreprise et dont l'exploitation peut être précieuse (évolution de l'absentéisme, du *turn over* dans certaines catégories professionnelles, des incidents de fonctionnement et des petits accidents du travail...), qui peut témoigner d'une dégradation du climat social.

Démarche ponctuelle ou démarche régulière : pourquoi procéder à une enquête d'opinion ?

Ces différentes sources d'information, quoique essentielles, peuvent toutefois se révéler insuffisantes. C'est alors que la direction de l'entreprise va envisager la réalisation d'une enquête d'opinion interne en s'adressant, le plus souvent, à un institut de sondage spécialisé. Cette enquête peut être purement ponctuelle. Il s'agit alors de savoir quelles sont les réactions internes face à tel ou tel changement important ou à tel événement de la vie de l'entreprise qui touche en profondeur l'image que les salariés se font de celle-ci. Il peut également s'agir d'une enquête régulière, qui vise à saisir l'évolution des réponses du personnel dans le temps ou à les comparer aux réponses obtenues sur la base d'un panel extérieur comparable.

De telles enquêtes sont réalisées selon une méthodologie semblable à celle des enquêtes de marketing. Il s'agit de savoir si les salariés s'estiment satisfaits ou non des conditions d'emploi que leur offre l'entreprise. On en vient ainsi à parler de « marketing social ». L'entreprise devrait « se vendre » aux salariés ou, tout au moins, à ceux d'entre eux dont elle a le plus besoin, à commencer par les « hauts potentiels » qu'elle va chercher sur les campus.

Les enquêtes d'opinion interne peuvent par ailleurs s'inscrire dans une démarche plus générale. C'est le cas de nombreuses entreprises américaines dans lesquelles les enquêtes s'inscrivent alors parmi les procédures que la filiale française est tenue de respecter. Quelle que soit son utilité réelle aux yeux de la DRH en France, l'enquête annuelle figure aux côtés du *reporting* financier que la filiale est tenue de présenter. Les résultats pour la France sont alors comparés à ceux obtenus dans des filiales situées ailleurs dans le monde à partir d'un questionnaire identique.

Ainsi, les principales raisons de se lancer dans une enquête d'opinion peuvent être les suivantes :

- mieux comprendre les causes de tensions sociales récemment apparues ;

136

- recueillir les réactions du personnel concernant telle décision de la direction ou telle évolution ayant un impact sur les conditions d'emploi ;
- mieux connaître les réactions que suscite l'entreprise en vue de promouvoir une image attractive d'elle-même ;
- comparer le climat social entre différents établissements ou différentes filiales de l'entreprise, au plan national ou international.

Les limites méthodologiques des enquêtes d'opinion

Pour autant, il n'est pas certain que les baromètres les plus souvent proposés aux entreprises leur donnent pleinement satisfaction, ceci pour plusieurs raisons.

La première est que ces baromètres se réduisent généralement à des sondages mis au point de façon extrêmement rustique. En effet, ils consistent bien souvent en une simple batterie de questions auxquelles il faut répondre généralement par courrier, quelquefois par Internet. Un rapport est ensuite présenté à l'entreprise cliente, dans lequel les réponses aux questions sont ventilées par catégories de personnel, et cela s'arrête là. L'entreprise doit ensuite se débrouiller par elle-même afin d'en tirer les conclusions, ce qui est loin d'être évident. Prenons l'exemple suivant : « 73 % du personnel estiment que les conditions de travail ont tendance à se dégrader ». Comment analyser ce résultat ? Les salariés mécontents mettent-ils en cause les conditions matérielles de travail, la charge de travail ou la dégradation des relations avec l'encadrement ? Il y a certes du mécontentement dans l'air, mais on ne saurait dire pourquoi. Pire encore, les raisons mises en avant en réponse à des questions fermées peuvent ne pas correspondre aux causes réelles de ce mécontentement et induire la direction en erreur. En l'absence de précisions, il est donc impossible de concevoir un plan d'action.

Cet exemple met en lumière une première limite de ce type d'enquêtes d'opinion. En effet, elles rendent compte de ce que ressentent les personnes interrogées et la population dont elles sont représentatives, mais elles ne permettent pas de passer aux facteurs explicatifs sur lesquels il serait possible d'agir afin de susciter de la part du personnel une réaction plus favorable envers l'entreprise qui les emploie. En outre, ces réponses peuvent être trompeuses. Une simple reformulation des questions est susceptible d'aboutir à une répartition des réponses très différente et lorsqu'on est proche du 50/50, les résultats n'ont guère de sens compte tenu de la marge d'erreur – qui n'est généralement pas précisée. L'interprétation en reste donc très sujette à caution.

Il en va de même des conditions dans lesquelles l'enquête a été réalisée. On en donnera un exemple presque caricatural : un institut international, soucieux de se faire davantage connaître, publie les résultats d'une enquête internationale qui met en évidence que les Chinois sont beaucoup plus nombreux que les Français à faire confiance à l'économie de marché. Dans la presse française, apparaît alors un certain nombre de commentaires sur l'absence d'esprit d'entreprise parmi les Français. C'est évidemment oublier que Chinois et Français se seront exprimés dans un contexte complètement différent : les Chinois comparent l'économie de marché par rapport à la période exécrable de la Révolution culturelle alors que les Français la jugent par rapport à l'âge d'or des « Trente Glorieuses ».

Les possibilités de *benchmarking*, dont se prévalent nombre d'instituts de sondage à partir d'une vaste banque de données, présentent donc un caractère hautement trompeur. De même, on sait comment certaines enquêtes, réalisées régulièrement dans les différents établissements d'une même entreprise, donnent lieu à une compétition entre ces derniers, les résultats conditionnant les décisions d'investissements, et donc l'emploi (« Il faut faire mieux que l'usine sœur afin que le siège prenne une décision qui nous soit favorable en ce qui concerne l'implantation de la nouvelle chaîne de production »).

Ainsi, nombre d'enquêtes d'opinion ne permettent pas de déboucher sur un plan d'actions correctrices précis et motivé, mais de plus, elles présentent un caractère scientifiquement discutable. Il est douteux, en particulier, que l'on puisse comparer les réponses apportées à des questions identiques mais posées dans des conditions différentes, ce qui conduit les personnes interrogées à leur donner une interprétation également différente. Par exemple, affirmer sur la base de questions formulées d'une façon identique d'un pays à l'autre, que le degré d'engagement des Français à l'égard de l'entreprise qui les emploie serait inférieur à celui des Américains permet certes d'obtenir une belle couverture de presse, mais cette comparaison ne saurait être considérée comme une information fiable sur le comportement des uns et des autres. Nombre de données font ainsi l'objet d'interprétations parfaitement abusives en l'absence d'un étalonnage par rapport à un référentiel et de précisions sur la marge d'erreur moyennant laquelle il convient de les considérer.

La nécessité d'un référentiel

Les enquêtes d'opinion permettent de mieux connaître la réalité sociale des entreprises, mais il convient d'en considérer les limites :

* Elles renseignent sur des faits tels qu'ils sont subjectivement perçus et non sur une réalité objective. Par exemple, si 46 % des personnes interrogées estiment que les conditions de travail ne sont pas bonnes, cela peut signifier qu'elles sont matériellement très dégradées, mais peut-être aussi que le personnel estime que

la direction n'est pas suffisamment attentive à leur amélioration (le sondage étant alors l'occasion de le faire savoir et de s'en plaindre). Il s'agit bel et bien de deux choses différentes et l'entreprise ne peut en tirer les mêmes conclusions.

- Elles ne conduisent pas sur une véritable explication des faits constatés et ne permettent donc pas de mener des actions correctrices. Affirmer que les conditions de travail ne sont pas bonnes peut signifier, par exemple, que les conditions matérielles sont dégradées, que la charge de travail est trop lourde, que le management donne une mauvaise image de lui-même ou encore que les relations avec les clients sont difficiles. Entre ces différentes hypothèses, reste alors à savoir laquelle est la bonne et quoi faire pour remédier à la situation.

Les enquêtes d'opinion ne permettent donc pas de répondre à la question suivante : À quels faits objectifs correspondent les opinions telles qu'elles sont exprimées ? Autrement dit, quelle est leur cause précise, qu'il importe de connaître afin de mener les actions correctrices éventuellement nécessaires ? Pour répondre à cette double question, il faudra avoir recours à un audit de climat social, ce qui n'est pas du tout la même chose qu'une enquête d'opinion :

- L'enquête par sondage vise à recueillir le point de vue de la population de référence sur la base d'un questionnaire *ad hoc*. Ce sont les réponses à ces questions qui seront présentées au commanditaire par l'institut de sondage, qu'il s'agisse de résultats bruts ou de tris croisés.

- La réalisation d'un audit de climat social suppose, en revanche, que l'enquête auprès des salariés soit réalisée à partir d'un référentiel préalablement étalonné et validé. C'est ce référentiel que le questionnaire soumis aux personnes interviewées visera à documenter, les réponses aux questions n'étant pas fournies au commanditaire et présentant un caractère purement opératoire.

L'enquête d'opinion par sondage vise à recueillir des points de vue subjectifs (par exemple, « 46 % des personnes interrogées estiment que les conditions de travail sont de moins en moins satisfaisantes »). En revanche, l'audit de climat social vise à passer du constat à l'analyse des causes qui poussent les personnes interrogées à s'exprimer comme elles le font (par exemple, « aucune information n'est donnée aux salariés sur les raisons qui expliquent des procédures nouvelles qu'ils interprètent comme une marque de défiance à leur égard »). Deux techniques s'offrent à l'auditeur pour passer ainsi de l'opinion exprimée à la détection des faits précis qui contribuent à l'expliquer : l'enquête qualitative et l'enquête quantitative.

- L'enquête qualitative consiste à interroger, d'une façon approfondie, un nombre limité de personnes représentatives de la population de référence. Les entretiens seront menés de façon semi-directive afin que la personne interrogée se sente libre de ses réponses, mais aussi de manière à correspondre au référentiel qui guide l'auditeur et donc à apporter une réponse aux questions qu'il se pose. Par exemple, il s'agira pour lui de savoir si le sentiment de dégradation des conditions de travail exprimé par les salariés porte sur leurs conditions matérielles ou sur la charge de travail, et si celle-ci résulte d'une insuffisance des effectifs ou d'une organisation du travail défaillante.

- L'enquête quantitative consiste à administrer un questionnaire à tout ou partie de la population de référence, les questions visant à renseigner les différentes lignes du référentiel. Les réponses à ces questions ne présentent en soi aucun intérêt, leur seul but est de documenter la grille d'analyse qui permettra de préciser au mieux les causes d'un éventuel mécontentement du personnel.

Reste, bien entendu, la question du choix de la méthode. Elle est affaire d'appréciation, compte tenu des paramètres suivants :

- L'enquête qualitative se présente un peu à la manière d'une exploration. Elle permet de découvrir beaucoup de choses, mais non de les mesurer. En outre, elle n'est pas reproductible à l'identique et sera donc réservée à l'analyse des situations de crise.
- L'enquête quantitative s'apparente davantage à une cartographie. Elle permet de mesurer et donc d'évaluer l'importance relative des différentes causes possibles d'une situation de risque social. Elle est reproductible à l'identique et pourra donc être renouvelée, ce qui permettra de mesurer l'efficacité des mesures correctives qui auront été adoptées. Par conséquent, elle répond davantage aux objectifs d'une politique sociale qui se veut suivie dans le temps.

Les apports de l'audit de climat social : de la consultation à l'action

En résumé, l'enquête d'opinion permet de connaître l'appréciation du personnel sur tel ou tel aspect de sa relation avec l'entreprise (qu'il s'agisse de l'hygiène et de la sécurité ou de sa confiance en l'avenir de l'entreprise). En revanche, l'audit de climat social, sur la base d'un référentiel préétabli, permettra de passer de l'impression subjective – l'opinion – à une réalité objective (« Quels sont les faits qui expliquent une telle opinion ? »). Or, c'est cette connaissance des faits objectifs qui importe pour l'entreprise car c'est elle qui permettra ensuite de définir des priorités d'action.

Prenons un exemple. L'enquête d'opinion peut laisser apparaître qu'une majorité du personnel estime être soumise à des conditions de travail stressantes. Elle peut détailler les raisons d'un tel sentiment : pression du travail, contraintes de résultats… Toutefois,

142

celui-ci peut résulter de deux ensembles de causes totalement différents :

- les conditions objectives de travail peuvent être effectivement détériorées ;
- les personnes ayant répondu à l'enquête peuvent représenter une population fragile face à l'évolution des conditions de leur emploi et en tirer une impression de stress alors que d'autres les jugeraient très satisfaisantes.

Un audit sera alors nécessaire afin de déterminer laquelle de ces deux hypothèses est la bonne. En effet, il s'agira d'évaluer les conditions de travail sous différents aspects afin de déterminer en quoi celles-ci sont ou non génératrices de stress. Ceci sera possible en évaluant la réalité de l'entreprise par rapport à un référentiel portant sur les facteurs de stress validé à partir d'enquêtes comparables menées dans d'autres entreprises. Les facteurs objectifs de stress ainsi détectés pourront alors faire l'objet de mesures correctives qui permettront de réduire le niveau d'insatisfaction exprimé par des opinions négatives lors d'une simple enquête d'opinion.

Cet exemple montre quelles sont les limites de l'enquête d'opinion. Il est certes utile de savoir « ce que pensent les gens ». Reste ensuite à savoir pourquoi ils pensent ainsi. Seul l'audit de climat social permettra de détecter les faits objectifs à l'origine de l'opinion qu'ils expriment, moyennant quoi, l'entreprise pourra ensuite prendre les initiatives qui permettront de renforcer les facteurs positifs et de réduire autant que possible les facteurs négatifs, tels qu'ils pèsent sur l'image qu'elle donne d'elle-même. Or, tel est bien ce qui importe pour elle autant que pour les salariés qu'elle emploie.

Chapitre 12

L'audit social au service de la qualité et de la performance globale

Au cours des chapitres précédents, on a vu pourquoi la réalisation d'audits de climat social s'impose de plus en plus dans un nombre croissant d'entreprises. Reste maintenant à savoir quels en sont le sens et la portée. La pratique de l'audit consiste en effet à vérifier que les faits qui en constituent l'objet sont bien conformes à un référentiel préétabli. Il convient toutefois de s'interroger sur la signification de ce référentiel. Par ailleurs, il convient également de s'interroger sur l'utilisation qui sera faite de l'audit. Entre-t-il dans une procédure visant, pour l'entreprise, à obtenir une certification et un label ? S'agit-il de pouvoir ensuite mettre en avant les résultats obtenus dans une optique de communication qui permettra à l'entreprise de se donner une image flatteuse aux yeux de ses clients, des collectivités publiques, de l'opinion, voire des marchés financiers ? Ou encore, ne s'agit-il pas d'abord de se conformer à une pratique d'esprit bureaucratique et de se protéger contre les risques de mise en accusation ?

À ces dérives potentielles, il convient de mettre en évidence l'intérêt de l'audit de climat social en tant qu'outil d'une amélioration de la performance globale de l'entreprise. De ce fait, l'audit de climat social s'intègre alors dans une démarche de qualité totale.

L'audit social en pratique : les risques de dérives

D'une façon générale, l'audit social se caractérise par l'existence d'un référentiel qui servira de base aux investigations de l'auditeur. C'est là toute la différence par rapport aux enquêtes d'opinion réalisées à partir d'un questionnaire *ad hoc*, et parfois largement improvisé.

Toutefois, reste à savoir comment ce référentiel a été élaboré. De plus, même si le rôle de l'auditeur s'arrête, du moins en théorie, à la remise de son rapport, il convient de s'interroger sur l'utilisation officielle et réelle qui sera faite de celui-ci. La façon dont le référentiel a été constitué et l'utilisation qui sera faite de l'audit par le donneur d'ordre sont en effet à l'origine de deux risques de dérives.

Le problème du référentiel

Le contenu du référentiel n'est pas indépendant des intentions de celui qui l'a formulé et son apparente objectivité dissimule des intentions qui ne sont jamais neutres.

Le premier biais possible est d'ordre interculturel. Par exemple, un auditeur se rend dans la filiale d'une grande entreprise française implantée en Afrique. Il y découvre que le DRH local prélève un pourcentage sur les salaires versés par l'entreprise. Du point de vue « français », c'est absolument scandaleux et le DRH doit être immédiatement licencié pour faute grave. Mais du point de vue local, en revanche, il est tout à fait normal qu'il reçoive un petit « cadeau » de la part des collaborateurs qu'il a lui-même fait embaucher, notamment parmi les membres de sa famille.

146

De même, il est généralement admis qu'il est inacceptable qu'une entreprise fasse travailler des enfants. Ceci est conforme à nos normes occidentales mais ne l'est pas nécessairement pour celles de certains pays pauvres. En effet, c'est oublier que la participation des enfants aux travaux de la ferme y a toujours été une réalité. Par ailleurs, s'agissant des enfants de la rue – nombreux dans certaines capitales –, le choix pour eux est assez limité : travailler, voler ou se prostituer. Les empêcher de travailler revient donc à ne leur laisser d'autre option que le vol ou la prostitution. Le véritable problème n'est donc pas le travail des enfants en soi mais les conditions dans lesquelles ceux-ci sont amenés à travailler et, trop souvent, à être honteusement exploités par des négriers sans scrupule.

Le référentiel, sous son apparente objectivité, exprime ainsi les préférences implicites de celui qui le formule, lesquelles pourront paraître d'autant plus étranges aux interlocuteurs de l'auditeur qu'elles sont éloignées de ce qu'il vit quotidiennement et de ses propres préférences. Prenons l'exemple d'une entreprise ayant fait réaliser un audit par une agence française de notation sociale. À sa plus grande surprise, elle est très mal notée car elle n'a signé aucun accord d'entreprise depuis bon nombre d'années. Pour l'agence, cela témoigne d'un déficit en matière de politique sociale. Cependant, une enquête qualitative révèle au contraire un excellent climat social, celui-ci rendant inutile la recherche de compromis formellement négociés avec les organisations syndicales présentes dans l'entreprise.

Le référentiel qui a conduit cette agence à exprimer un jugement défavorable a probablement été constitué à partir de normes internationalement admises, et notamment à partir des normes de l'OIT[1]. Reste à savoir si ces normes prétendument universelles peuvent effectivement s'appliquer à telle réalité locale. Il en va de

---

1. Organisation internationale du travail.

même, et probablement plus encore, des questionnaires par lesquels l'auditeur s'adresse à ses interlocuteurs afin de documenter son référentiel. Comme mentionné précédemment, se dire ou non favorable à l'économie de marché et à la mondialisation n'a pas la même signification pour un Chinois que pour un Français. Pourtant, c'est ainsi que procèdent régulièrement certains instituts mondialement connus dont les résultats sont rendus publics en grande pompe.

L'audit social ne saurait donc faire abstraction des problèmes de taxinomie et d'axiologie qui structurent les représentations mentales de l'auditeur et de ses commanditaires. À trop l'oublier, l'auditeur fait vite figure, aux yeux de celui auquel il s'adresse, d'aimable original ou de policier aux motivations incompréhensibles. Dans certains pays africains, empêcher le DRH de prélever sa dîme sur les salaires qu'il verse, c'est s'en prendre à une pratique qui était peut-être perçue comme « normale ». L'auditeur se fait ainsi l'instrument d'une domination culturelle et d'un pouvoir imposé. Souvent, il se recommande, ce faisant, des droits de l'homme, mais c'est alors d'une conception ethnocentrique des droits de l'homme. En revanche, il ne percevra pas certains faits jugés localement comme étant inacceptables mais qui n'appartiennent pas à sa propre culture. En Chine, par exemple, l'absence des deux lions de pierre traditionnels de part et d'autre de l'entrée d'une entreprise n'a peut-être rien de choquant pour un occidental mais peut l'être pour un Chinois, et constituer ainsi un facteur notable de détérioration du climat social.

Le problème de l'utilisation du rapport d'audit

Il est un peu facile pour l'auditeur, dans un souci de purisme, de remettre son rapport puis de disparaître sans s'interroger sur l'utilisation qui en sera faite. Le savoir-faire qui lui est spécifique s'arrête certes là mais il ne saurait toutefois se désintéresser des intentions qui animent son commanditaire. Or, l'audit peut être mis au service de plusieurs sortes d'intentions cachées.

Une première intention cachée peut résulter d'une attitude typiquement bureaucratique, telle qu'elle s'observe dans nombre de grandes entreprises, y compris dans celles qui se disent prétendument bien gérées. « J'ai fait réaliser un audit, donc je peux me considérer comme couvert ». Peu importe ce qu'il en résultera et, à la limite, ce qu'il met en lumière, l'important est de l'avoir réalisé. Dans ce cas, l'entreprise s'adressera à un prestataire aussi prestigieux que possible.

Sans aller jusque-là, l'audit peut avoir pour but d'obtenir une certification. Celle-ci étant fondée sur le respect d'un certain nombre de normes, il s'agit de vérifier qu'elles le sont effectivement. Reste à savoir pourquoi cette certification importe tant à l'entreprise. Ce peut être un souci d'efficacité (on y reviendra plus loin) mais également un simple souci d'affichage. L'entreprise veut ainsi démontrer – à ses clients, aux collectivités publiques, à l'opinion – qu'elle respecte effectivement un certain nombre de prescriptions jugées importantes par les uns et les autres sachant qu'à défaut, son image en pâtirait. Mais cette image peut s'éloigner de la réalité dans la mesure où les audits sur lesquels elle se fonde s'en éloignent eux-mêmes. Prenons un exemple : une grande entreprise demande à une personnalité connue, ancien dirigeant d'une grande ONG et futur ministre, de réaliser un « audit » sur la façon dont elle respecte les droits de l'homme dans ses activités en Birmanie. L'intention, en termes d'image, est évidente. Toutefois, il n'est pas certain que la réalité soit conforme à cette image valorisante que l'entreprise entend projeter d'elle-même.

Ce qui est en cause, donc, c'est le risque d'une instrumentalisation de l'audit social à des fins qui ne correspondent pas aux nobles intentions mises en avant par ailleurs. Il serait déplaisant aux yeux des clients potentiels – et donc coûteux pour l'entreprise – qu'elle soit accusée de mettre en vente des objets produits dans des conditions qui ne respecteraient pas les droits de l'homme. Un audit sera donc réalisé auprès des fournisseurs suspectés de pratiques douteuses, notamment dans les pays « exotiques » où la production a été délocalisée pour des raisons de coûts. Le donneur d'ordre, autrement dit, se dédouane. Mais il n'est pas certain pour autant que la réalité soit bien celle dont rendra compte l'audit. Par exemple, les enfants auront pu être dissimulés le jour du passage de l'auditeur. Face à une telle situation, celui-ci peut alors faire preuve de naïveté ou ne pas disposer de tous les moyens qui lui seraient nécessaires pour se prononcer en connaissance de cause. Mais ce serait de sa part une autre forme de naïveté que de croire que son rapport répond nécessairement à une intention éthique identique à celle qui l'anime lui-même.

Il apparaît ainsi que l'auditeur ne saurait se désintéresser de l'utilisation qui sera faite de son travail. Comme tout expert, il est susceptible d'être manipulé à des fins qui ne sont pas celles qui l'animent. Les résultats qu'il fournit peuvent être sensiblement éloignés de la réalité dont ils sont sensés rendre compte. Ils peuvent faire l'objet d'une récupération en termes d'image ou être réducteurs, proportionnellement à son éloignement culturel des réalités qu'il est parti observer. Le référentiel derrière lequel il s'abrite répond, en termes de taxinomie et d'axiologie, à des choix implicites qui dissimulent des préjugés ou des arrière-pensées qui n'ont rien à voir avec une quelconque objectivité. De plus, ces choix ne correspondent pas nécessairement au souci d'une amélioration de la performance globale de l'entreprise.

L'audit social et la démarche qualité

Avant toute chose, il convient au préalable de définir cette démarche qualité. Nous dirons donc que la performance globale de l'entreprise vise à en maximiser durablement les résultats attendus par ses différentes parties prenantes, à savoir les apporteurs de capitaux, les clients, les salariés et les collectivités publiques au sein desquelles se situe son activité. En vue d'agir en ce sens, les dirigeants disposent d'instruments de pilotage, et c'est parmi eux que prend place l'audit social.

Pour les dirigeants, l'objectif est d'optimiser les moyens dont ils disposent et donc de réduire les risques auxquels l'entreprise est susceptible d'être confrontée. Optimiser les moyens disponibles consiste à faire en sorte qu'ils soient mis en œuvre conformément à la stratégie de l'entreprise et aux plans d'action qui en résultent, d'où la nécessité d'audits de conformité. Mais il s'agit aussi de réduire les risques, ceux-ci étant évidemment de différentes natures. Il y a tout d'abord les risques sociaux (mouvements de grève, par exemple) mais surtout, et principalement, les risques de désengagement des salariés qui conduisent à une progression de l'absentéisme et du *turn over* ainsi qu'à une baisse d'efficacité collective et à une dégradation du service rendu au client. C'est à cette prévention des risques sociaux que l'on s'intéressera dans la mesure où ceux-ci se traduisent par une explosion des coûts cachés et tendent, par conséquent, à réduire d'autant la performance de l'entreprise.

De son côté, la démarche qualité met en œuvre différents outils susceptibles de réduire les risques que représentent les pannes, les erreurs et les malfaçons afin d'améliorer en permanence les résultats obtenus et leur fiabilité. Les principaux outils de la démarche qualité sont les suivants :

- l'établissement, en cas d'incident, d'un « arbre des causes » ;
- la mise en place de procédures préventives ;
- la réalisation d'audits, donnant éventuellement lieu à une certification, en vue de s'assurer de leur mise en œuvre effective.

Aujourd'hui, ces outils sont principalement utilisés en vue d'analyser des *process* susceptibles de déboucher sur des malfaçons ou sur des pannes. Toutefois, ils peuvent également s'appliquer à la qualité du climat social, telle qu'elle exerce un effet direct sur la façon dont les *process* sont ou non respectés.

Prenons l'exemple d'une entreprise chimique travaillant à feux continus et où les relations entre anciens et nouveaux venus sont exécrables, les anciens ayant pris l'habitude de s'attribuer les postes de travail les moins pénibles ou les plus gratifiants. Parmi les opérateurs postés, on distingue ceux qui siègent dans la salle de contrôle et ceux qui doivent faire les rondes. Bien entendu, les anciens s'abstiennent le plus souvent de faire ces rondes et laissent aux jeunes le soin de les effectuer. Il en résulte que la vérification du bon fonctionnement des installations revient à ceux qui les connaissent le moins. De ce fait, la détection des anormalités est beaucoup moins bien assurée, ce qui accroît d'autant les risques de panne ou d'accident.

Le climat social et la qualité des relations dans l'équipe de travail exercent par conséquent une influence directe sur la sécurité au sein de l'établissement. On peut donc affirmer qu'un audit de climat social évaluant la qualité des rapports de travail au sein de l'équipe fait ainsi partie intégrante de la démarche qualité envisagée d'une façon très globale. Si l'on se reporte au berceau de la démarche qualité – le Japon – on observera seulement que les deux idéogrammes généralement traduits par « qualité totale » le seraient d'une façon plus fidèle par « qualité tous ensemble ». Ainsi, on ne saurait mieux affirmer que la qualité est d'abord une affaire de qualité dans les rapports de coopération au sein de l'entreprise, envisagée globalement, et, localement, au sein du collectif de travail. Il est très étonnant que cette dimension humaine du bon fonctionnement de l'entreprise, du moins en Occident, n'ait pas été davantage prise en considération et que la démarche qualité se soit concentrée plus particulièrement sur l'organisation et les *process*.

La genèse du mal-être social : établir l'arbre des causes

En cas d'incident ou de malfaçon, la première réaction consiste à chercher un coupable. Ceci est particulièrement vrai dans le domaine RH : « Il y a eu un débrayage, c'est la faute de la CGT » (ou « c'est la faute de la direction »). Il en résulte des accusations dans un sens ou un autre qui contribuent à alimenter la confrontation entre les différents points de vue sans que l'on découvre pour autant l'origine exacte du problème. Celui-ci est envisagé d'une façon réductrice. On dira, par exemple : « Les gens, aujourd'hui, n'ont plus le sens du travail bien fait », ou encore :« Les effectifs sont insuffisants face à des exigences de plus en plus insupportables ».

Le diagramme des causes (le fameux « diagramme d'Hichikawa ») va consister à analyser la réalité dans toute sa complexité afin de tenter de déterminer l'enchaînement des causes qui ont provoqué l'accident. L'analyse systémique nous enseigne que ces causes interfèrent les unes avec les autres, qu'elles peuvent s'annuler ou au contraire s'amplifier au point de déboucher sur une catastrophe. C'est ainsi que finalement, on assiste à un mouvement de grève ou à un délabrement progressif des relations de travail qui se manifeste par une tendance au désengagement des personnes et à une moindre efficacité collective.

Les vieux manuels d'histoire distinguaient « les causes immédiates et les causes lointaines de la guerre de 1914 ». Il en va de même de l'accident ou du délabrement social. Les causes les plus visibles en sont les causes immédiates. Il peut s'agir, par exemple, de l'annonce par la direction d'une décision qui, tout en étant rationnelle économiquement, tend à pénaliser le personnel. Il en résultera de la part de celui-ci une réaction de colère et l'exigence de son retrait. Toutefois, cette décision brutale n'aurait jamais eu de tels effets s'il n'y avait pas eu d'autres causes, plus lointaines et moins visibles. Le personnel a-t-il des raisons d'avoir confiance ou non en la direction ? Celle-ci communique-t-elle d'une façon satisfaisante en ce qui concerne ses objectifs et ses projets ? C'est à ce niveau que se trouvent, en définitive, les véritables déterminants du risque social. Par conséquent, ce sont ces « causes invisibles » qu'il va falloir essayer de repérer, si possible avant qu'elles ne provoquent de désastreuses conséquences (action préventive) et surtout afin de les éradiquer et éviter ainsi qu'elles ne se reproduisent (action corrective). À ces multiples faits de la vie quotidienne au sein de l'entreprise, on donnera le nom d'« irritants ».

Du climat social au plan d'action

En tant que causes possibles – en dernier ressort – d'une dégradation du climat social, ces irritants doivent être autant que possible détectés, évalués et localisés par la direction de façon à mener ensuite les actions correctrices qui permettront de mettre fin aux tensions ou aux manifestations de désengagement et de prévenir de futures difficultés.

Ce travail d'analyse peut donc être engagé à la suite d'un conflit social ou en vue de réduire la tendance au désengagement du personnel, dès lors que celle-ci a été constatée. Il peut être ponctuel ou régulier, ceci en vue d'évaluer l'évolution de la situation ou les effets des actions engagées. Cette évaluation des irritants peut se faire d'une manière empirique, par chacun des managers, ou collectivement, par l'équipe de direction. Il s'agira alors d'une appréciation collective des réactions du corps social qui permettra de s'engager dans un plan d'actions correctives jugées prioritaires.

154

La valeur de cette façon de procéder est évidemment fonction de la connaissance que le manager ou la direction ont de la population sur laquelle porte leur jugement. Elle constitue une invitation à l'écoute, et les échanges d'opinion auxquels elle donne lieu sont susceptibles de faire progresser les dirigeants et les managers vers une meilleure compréhension des réactions des salariés ou de leurs représentants. Cependant, cette approche atteint vite ses limites dans la mesure où elle reste subjective.

En effet, le dirigeant peut être victime d'une connaissance insuffisante des réalités sociales, mais surtout de ses illusions, ceci en raison d'une tendance au *wishful thinking*. Autrement dit, il peut être tenté de prendre ses désirs pour des réalités, d'amplifier la portée de certains faits ou de prétendre en ignorer d'autres qu'il ne veut pas voir parce qu'ils choquent ses convictions ou mettent en cause l'image qu'il se fait de lui-même et de son action. L'expérience montre ainsi que de nombreux dirigeants ont une représentation de la réalité sociale de leur entreprise qui relève en partie de l'illusion. « Vue d'en haut », l'entreprise ne correspond pas à la façon dont elle se présente « vue d'en bas ». Il en résulte alors que les solutions que les managers s'efforcent de mettre en œuvre se révèlent plus ou moins inefficaces, coûteuses et plus ou moins inutiles.

D'où la nécessité, lorsqu'il est nécessaire d'obtenir une cartographie précise du risque social, de procéder à un audit de climat social, lequel doit se faire sur la base d'un référentiel précis, scientifiquement validé et susceptible de permettre des comparaisons avec d'autres entreprises.

Du référentiel de l'auditeur à la performance globale de l'entreprise

Dans cette optique, la qualité du référentiel sur lequel se fondera le travail de l'auditeur social est de la plus haute importance. Or, de nombreux référentiels existants présentent un défaut majeur : ils sont construits sur une problématique étrangère à l'objectif de performance de l'entreprise et sur la base de prescriptions qui lui sont extérieures (par exemple, le respect des droits de l'homme ou des libertés syndicales). Il en résulte qu'un audit fondé sur de telles prescriptions permettra certes de déterminer dans quelle mesure elle se comporte d'une façon « politiquement correcte », mais pas si elle se comporte d'une façon telle que sa performance s'en trouve « boostée ».

Il importe donc d'élaborer le référentiel qui sert de fondement à l'audit social dans cette optique de performance et cela, au même titre que les audits financiers. Cela suppose que ce référentiel ait été testé et validé en ce sens : quels sont les éléments qu'il importe de prendre en considération, compte tenu de la démarche de l'entreprise en termes de qualité totale ? Comment mesurer la façon dont la chaîne humaine s'inscrit effectivement dans la perspective d'une amélioration de la performance globale de l'entreprise ? Comment détecter les facteurs susceptibles de conduire à des tensions négatives et à un désengagement du personnel et comment en évaluer les effets en termes de perte de compétitivité ? Comment passer du constat ainsi établi par l'auditeur à la définition des mesures correctives et au calcul de leur rentabilité ?

À défaut d'un tel questionnement, l'audit social risque de n'avoir d'autre intérêt que celui d'un simple inventaire, avec le risque de donner prise à des manœuvres de récupération en termes de communication sur l'image de l'entreprise. Au passage, on ne saurait ignorer une convergence dont l'existence constitue une bonne surprise : ce qui va dans le sens d'une amélioration des conditions de vie au travail, du point de vue des salariés, va également dans le sens d'une amélioration de la performance économique de l'entreprise. La pratique des audits sociaux semblerait ainsi révéler que l'éthique et l'efficacité vont de pair.

Chapitre 13

Performance humaine et création de valeur : la fonction RH à réinventer

La fonction RH se trouve aujourd'hui dans une situation paradoxale. D'une part, elle semble n'avoir jamais été aussi décisive pour le bon fonctionnement de l'entreprise. Par ailleurs, elle dispose d'outils de plus en plus sophistiqués et, dans les grandes entreprises, elle s'est démultipliée en de nombreuses sous-fonctions : recrutement, formation, développement, B&C (*Benefices and Compensations*), communication interne, relations sociales... Mais d'autre part, elle paraît souvent un peu extérieure par rapport à la stratégie de l'entreprise, telle qu'elle est mise en œuvre par la direction générale. Le DRH peine parfois à se faire entendre et son rôle se réduit souvent à celui d'une « fonction support », finalement secondaire par rapport à la dimension financière de l'entreprise et aux fonctions « opérationnelles ».

Ce risque d'une marginalisation de la fonction RH ne doit pas être pris à la légère. Il s'explique probablement par l'évolution intervenue dans les modèles de management et par l'évolution du « contrat social » qui en résulte. On comparera ainsi ce qu'est aujourd'hui le rôle du DRH par rapport à ce qu'il était il y a 20 ans. En effet, la tendance à une « financiarisation » de l'entreprise et du management l'expose à des exigences nouvelles auxquelles il n'est pas forcément bien préparé.

L'évolution de l'entreprise : du modèle patriarcal à l'entreprise nomade

D'un pays à un autre, l'entreprise, dans son ancrage culturel, s'inspire de modèles (*patterns*) souvent très anciens. L'entreprise américaine constitue l'aboutissement de la caravane en marche vers l'Ouest, l'entreprise japonaise se comprend à la manière d'un jardin zen, il faut séjourner à Su Zhou pour comprendre l'entreprise chinoise, l'entrepreneur russe est un descendant des boyards et quant à l'entreprise française, elle descend directement de l'entreprise féodale.

Ce modèle féodal, tel qu'il fonctionnait encore il y a quelques années, impliquait une certaine continuité dans la durée, l'existence d'un territoire relativement stable et un contrat social au moins implicite entre les dirigeants (qui étaient souvent propriétaires de l'entreprise) et les salariés qu'ils employaient (parfois depuis plusieurs générations). Ce contrat était fait de droits et de devoirs réciproques qui allaient bien au-delà du contrat juridique. Le patron se devait d'assurer, autant que possible, la sécurité de l'emploi (protection) et la progression des salaires (prospérité). De son côté, le salarié se devait d'observer certaines normes de travail et se montrer honnête vis-à-vis de « son » entreprise. Bien entendu, cela n'excluait pas la possibilité de « jacqueries » : il

158

y avait les bons et les mauvais patrons, et le syndicaliste était l'équivalent du curé du village.

Au cours des vingt dernières années, le modèle patriarcal français a laissé place au modèle nomade qui nous est venu des États-Unis, et il est permis de voir dans cette mutation l'une des conséquences les plus immédiates et les plus importantes de la « mondialisation ». Il n'y a plus de continuité ni frontière, l'unité de temps, de lieu et d'action a laissé place à des « communautés virtuelles ». Par ailleurs, le contrat social se limite à un contrat commercial de type « donnant-donnant ». Il ne peut plus y avoir de sentiment d'appartenance dans la durée. On entre et on sort moyennant des droits et des obligations formellement prévus par la loi et inscrits dans le contrat de travail, le juge étant s'il le faut invité à dire le droit. Bien entendu, cette nouvelle règle du jeu – banale aux États-Unis sur un marché de l'emploi très ouvert – suscite de fortes réactions d'opposition en France dans la mesure où elle remet en cause tout un ensemble de croyances et de convictions encore bien présentes parmi les anciens. Les suppressions d'emploi, quand elles ne sont pas justifiées par une situation de faillite de l'entreprise ou tout au moins par de fortes difficultés, mais en revanche par un souci de rentabilité immédiate, apparaissent ainsi comme une sorte de trahison aux yeux des salariés.

En attendant, c'est cette mutation – quelle que soit l'opinion qu'on en ait – qu'il convient de prendre en considération pour comprendre l'évolution du rôle du DRH, tel que le conçoivent aujourd'hui les dirigeants. Pour lui, il ne s'agit plus de s'inscrire dans le cadre du contrat moral tel qu'il résultait du modèle patriarcal d'il y a 20 ans, mais dans celui de « l'entreprise nomade » qui en est venu à s'imposer.

La difficulté des DRH à suivre le changement en cours : poids du passé et nouvelles formes d'exigences

Il est indéniable que les DRH sont aujourd'hui beaucoup mieux outillés pour exercer leur mission qu'il y a 20 ans. Ils disposent en particulier d'outils de gestion informatique qui étaient alors quasiment inexistants. Cependant, ils doivent néanmoins tenir compte du poids du passé et de contraintes spécifiquement françaises, ignorées notamment de leurs homologues américains.

Dans les années 1980, le DRH était le garant du contrat social tel qu'on le concevait alors. Il lui fallait administrer le personnel, gérer les relations avec les représentants du personnel et souvent, promouvoir un « projet d'entreprise » conformément à la démarche en termes de « nouvelles formes d'organisation du travail » qui avait cours à l'époque. Son rôle consistait à faire de l'entreprise une « communauté de travail et d'intérêt », ce qui impliquait, au-delà des groupes d'expression ou des cercles de qualité, de mettre en place un intéressement et une participation aux résultats. L'optique dominante était celle d'une réconciliation entre « l'économique » et le « social ». « C'est l'homme et l'organisation qui font la différence », affirmait alors l'Institut de l'entreprise, résumant ainsi d'une façon concise le courant de pensée alors dominant. Cela donnait une dimension « stratégique » à la mission du DRH.

Cette façon de voir les choses a été en grande partie balayée par la financiarisation des entreprises, telle qu'elle s'est imposée depuis le début des années 1990. Avec l'entrée massive des fameux fonds de pension américains dans le capital des entreprises françaises, amenant avec eux des critères de gestion spécifiquement anglo-saxons, il ne s'agissait plus de gérer l'entreprise en bon « père de famille », ménageant les intérêts du capital et ceux du travail en s'efforçant de susciter une dynamique avantageuse pour les uns et pour les autres, mais de créer les conditions d'une rentabilité

160

maximale et immédiate. L'intendant plus ou moins débonnaire devait donc laisser place au percepteur d'impôts venu lever la corvée dans le village.

La mission du DRH a donc radicalement changé, au moins dans son principe. Désormais, il anime un « service support » en vue de la « création de valeur ». Dans la mise en œuvre de cette mission, il se trouve toutefois handicapé par toute une série de lourdeurs :

* Le corps social de l'entreprise tend à se rebeller contre cette modification du contrat social traditionnel, que les salariés ne comprennent pas ou n'acceptent pas. Les syndicats, notamment, défendent la stabilité de l'emploi ou le progrès social en des termes qui n'ont pas fondamentalement changé par rapport aux années 1980. Le temps disponible du DRH est donc en grande partie encombré par la gestion de relations sociales qui se présentent pour lui comme une source de difficultés et de retards beaucoup plus qu'elle ne fait réellement avancer les choses.

* En France, ce poids des relations avec les représentants du personnel se trouve renforcé par l'extrême complexité des textes légaux, réglementaires et contractuels que doit respecter l'entreprise, donc le DRH. À cela s'ajoute leur modification incessante ce qui l'oblige à accorder une attention extrême à la parution de nouveaux textes qu'il lui faudra appliquer sachant que les syndicats, y voyant une protection, se montrent souvent extrêmement vigilants, hésitant de moins en moins à en appeler au juge.

* Par ailleurs, le DRH se trouve souvent encombré d'outils qui se présentent en fait comme le produit de modes managériales dont l'utilité réelle reste parfois à prouver. Par exemple, il lui faut pratiquer la GPEC[1], devenue une obligation légale au

---

1. Gestion prévisionnelle des emplois et des compétences

même titre que le « bilan social » autrefois. Mais la GPEC a-t-elle un sens dans un monde devenu largement imprévisible ? Ceci reste à démontrer. Toutefois, prétendre le contraire revient à s'inscrire en faux par rapport au discours « politiquement correct » que véhiculent nombre de consultants directement intéressés par son développement. Mais ces outils sont-ils réellement utiles ? La question mérite au moins d'être posée.

- Enfin, il n'est pas certain que tous les DRH inscrivent leur action dans le cadre du nouveau modèle – celui de l'entreprise nomade – tel que celui-ci nous a été imposé par la mondialisation des affaires. Bien souvent, les DRH restent porteurs de valeurs et de principes différents de ceux qui animent les nouveaux « maîtres du monde ». Ils résistent à la financiarisation mais en retour, ils sont perçus comme un frein ou comme une source de coûts et de retards par rapport à la mise en œuvre des décisions de la direction générale. Étant perçue comme extérieure à la finalité de l'entreprise telle que celle-ci s'est imposée, la DRH encourt le risque d'être considérée comme une intendance nécessaire mais extérieure à la dimension stratégique du *business* et dont il s'agit de réduire le coût, autrement dit une sorte d'extension des services généraux.

La nécessaire mutation de la fonction RH : une contribution à la création de valeur

Le risque, pour la fonction RH, est donc celui d'une marginalisation par rapport à la façon dont les équipes dirigeantes des grandes entreprises conçoivent le *business*. Ce risque est d'autant plus réel qu'il n'est pas forcément perçu par les intéressés. Pour être entendu, le DRH doit donc adapter son discours à la problématique de ses interlocuteurs, lesquels raisonnent en termes de retour sur investissement (ROI) ou de création de valeur. Il doit par conséquent s'exprimer lui aussi en termes de

ROI et de création de valeur. En effet, ce n'est pas en parlant de « dialogue social » ou « d'exigence éthique » qu'il aura une chance d'être pris au sérieux.

Cependant, il se heurte en cela à de sérieux obstacles. Au-delà de la nécessité de faire face à ses obligations en termes de « dialogue social » et d'application d'une réglementation compliquée et toujours changeante, il doit adopter une nouvelle façon de voir qui est aux antipodes de ses préoccupations traditionnelles et, parfois, de ses convictions. Il doit désormais, dans l'exercice de ses responsabilités, raisonner en financier : « Que nous rapporterait telle initiative ? Et compte tenu de son coût, quelle en serait la rentabilité ? ». La difficulté, c'est qu'un tel chiffrage est loin d'être évident. Les outils de mesure du risque social font largement défaut et restent en grande partie à inventer.

À cela s'ajoute un obstacle spécifiquement français. En effet, le caractère inévitable d'une opposition nécessaire entre les « intérêts du capital » et « les intérêts des travailleurs » fait partie des idées toutes faites qui nous viennent de notre histoire sociale. Travailler à la création de valeur et à la rentabilisation des initiatives de la DRH reviendrait donc à enrichir les actionnaires au détriment des salariés. La rentabilité de l'entreprise, selon un réflexe bien établi, ne pourrait être augmentée que par une « exploitation » accrue des salariés qu'elle emploie ou par une réduction des coûts passant par une réduction des effectifs.

De nombreux travaux réalisés par de jeunes économistes installés aux États-Unis montrent que ce point de vue couramment admis est globalement faux. Les entreprises socialement responsables sont plus rentables sur le long terme que celles qui composent l'indice S&P 500. Cela signifie que les apporteurs de capitaux eux-mêmes ont tout intérêt à ce que l'entreprise soit exemplaire dans ses rapports avec son environnement et avec son personnel. Bien entendu, il ne s'agit là que d'une moyenne statistique et il sera toujours possible d'affirmer le contraire en mettant en avant des cas isolés qui semblent aller à l'encontre de cette tendance générale. Or, ce sont ces cas isolés qui sont le plus souvent mis en avant dans les médias. Il n'empêche que la tendance générale serait tout autre, ce qui, pour le DRH, est d'une importance capitale.

Contrairement à une vision simpliste des rapports de travail en termes de « lutte des classes », cela signifie en effet qu'il lui est possible d'œuvrer tout à la fois à une amélioration de la rentabilité de l'entreprise et à une amélioration des conditions sociales de son activité. Autrement dit, il ne s'agit pas de raisonner dans le cadre d'un jeu à somme nulle (ce qui est gagné par l'un des joueurs étant perdu par l'autre), mais au contraire dans le cadre d'un jeu à somme positive (les deux joueurs pouvant simultanément gagner au jeu).

Cette convergence s'explique aisément : une initiative immédiatement rentable mais contraire aux intérêts du corps social a pour effet d'accroître, à moyen et long termes, le risque social et les coûts qu'il représente. Par exemple, une entreprise qui décide de licencier 10 % de son personnel afin d'accroître sa rentabilité immédiate s'expose à ce que les « survivants » réduisent leur efficience de 50 %, ce qui aura pour effet de détériorer les résultats d'exploitation, qui seront donc bien pires qu'au départ. Ainsi s'explique l'échec de nombreuses fusions qui se trouvaient justifiées à l'origine par le souci de faire des économies d'échelle ou de faire jouer des synergies et de réduire de la sorte les frais de personnel.

On en tirera une conclusion : le DRH doit justifier ses initiatives en termes de conséquences pour les salariés (et de réactions de leur part) mais également en termes de conséquences immédiates et quantifiables pour la rentabilité de l'entreprise. Il doit se comporter en *social risk manager* et en faire comprendre la problématique aux autres membres de la direction générale. Au passage, on notera un point capital : humanisme et calcul économique ne sont pas nécessairement contradictoires. Les salariés peuvent être heureux dans une entreprise rentable. Par ailleurs, se préoccuper de réduire les causes d'insatisfaction des salariés peut être une façon de promouvoir la réussite de l'entreprise. Pour le DRH soucieux de donner à sa mission un sens au-delà des chiffres, c'est une bonne nouvelle, tout comme pour les salariés.

Index

Dépôt légal : Juillet 2022

Imprimé en Allemagne par BoD